SHOPPING PLAZA

パティシエ

RESTAURANT FLOOR

調理師

FASHION FLOOR

ファッション
アドバイザー

FOOD MARKET

Fresh Meat

販売士

畜産農家

農家

JN132286

食品衛生責任者

○○製パン工場

パタンナー

着付け師

株式会社○○商事

Beauty Salon

美容師

○○縫製（株）

縫製技師

QR コンテンツ一覧

QRマーク を掲載したページには，インターネット上に本書の学習に参考になるコンテンツを用意してあります。右のQRコードまたは以下のURLにアクセスしてご利用ください。アクセスするとメニュー画面が表示されます。

https://www.jikky.co.jp/d1/02/ka/ssk

※コンテンツ利用料は発生しませんが，通信料は自己負担となります。

本書の使い方

各章のページ

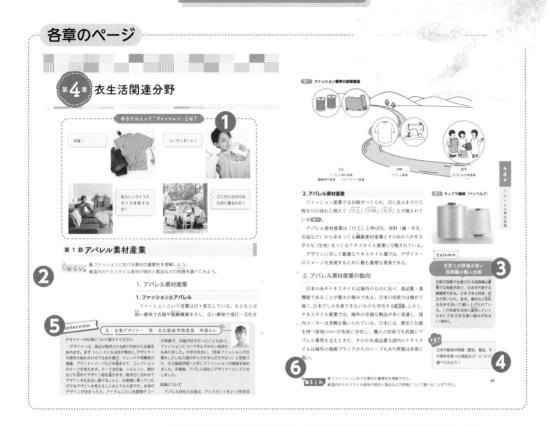

① **導入**　各章の導入として、身近な疑問や考えを写真とともに紹介しています。問いかけに対する、自分なりの答えを考えてみましょう。

② **ねらい**　各節のはじめには、学習のねらいを示しています。

③ **Column**　本文に関連する話題や、産業の動向など、学習をより深められるような内容を掲載しています。

④ **TRY**　考える・話し合う・調べるなどの実践活動です。

⑤ **interview**　食・衣・住・ヒューマンサービスの産業にかかわる職業を扱ったインタビューです。

⑥ **まとめ**　各節の終わりには、学習内容のまとめを示しています。学んだ内容を振り返り、自分の到達点を確認しましょう。

章末のページ

⑦

TOPIC
100年時代の人生戦略とは

クラスの二人に一人は107歳まで生きる！？

2016年に刊行された「LIFE SHIFT（ライフ・シフト）―100年時代の人生戦略（東洋経済新報社）」によれば、2007年生まれの日本人の50%が107歳まで生きると推計されている。人生100年が当たり前になるのだ。

これからの人生戦略

①働き続ける人生

平均寿命が80歳の時代は、20代で就職して60歳で定年退職すれば、引退後の年数は20年であった。一方、平均寿命が100歳の場合、同様に想定すると、引退後の年数は倍の40年となり、生活資金も倍のお金が必要になる。

したがって、人生100年時代では、多くの人が60歳で引退せずに働き続けることになるだろう。

②3ステージからマルチ・ステージへ

これまでは、人生を「教育→仕事→引退」の3ステージで捉えることが一般的だった。しかし、平均寿命が延びていることにより、働く期間が長くなることが予想されており、これまでと同じ考え方では、「仕事」の期間はあまりに長く過酷で、疲弊してしまう。そこで、3ステージの人生の代わりに、マルチ・ステージの人生が提唱されている。マルチ・ステージの人生では、「引退」の前にさまざまなステージを複数経験するようになる。

③「大学生」と聞いただけでは年齢が予想できない時代

社会の変化が激しくなり、20代までに学校で習得した知識やスキルだけでは、足りなくなっていくだろう。学校を卒業した後であっても、学び直しとスキルの再習得に投資する必要がある。

「自分の人生はこれで本当によかったのか」そんな疑問がわいてきたら、下の空欄を埋めてみよう。過去や前例に縛られず、より自分らしく生きられるようになるだろう。

わたしの人生は

のためにあります。

⑧

第①章　章末問題

確認問題

①（ ① ）とは、衣、食、住や子どもが育つこと、高齢者の看護や介護など、人が生きること全体の生活に密に関わる商品やサービスを提供する産業である。

②新型コロナウイルス感染拡大期においては、外出自粛要請により（ ② ）へのニーズが一層高まった。

③2015年9月に開催された国連サミットにおいて、SDGsは（ ③ ）年までに達成すべき具体的な目標として設定された。

④資源の消費を抑制し、環境への負荷を少なくする社会が（ ④ ）という。

⑤自治体が同性同士のカップルを結婚に相当する関係と認め、証明書を発行する制度を（ ⑤ ）制度という。

⑥人・社会・地域・環境に配慮し、（ ⑥ ）（倫理的・道徳的）な消費行動をとろうとする人々が増加している。

⑦インターネットを介した取引の拡大は、消費者同士がモノやサービスを直接売買する（ ⑦ ）モデルを生んだ。

⑧「和食」は、2013年に（ ⑧ ）無形文化遺産に登録された。

⑨人は常にさまざまな（ ⑨ ）を抱く存在である。自らが提供する商品やサービスがユーザーのどのような（ ⑨ ）に結びつく可能性を持つのか、想像する力を磨くことはきわめて重要である。

⑩企業が企業に対して商品・サービスを提供する企業間取引の形態を（ ⑩ ）という。

⑪コミュニケーション能力は、①自己統制力、②自己表現・伝達力、③論理構成力、④（ ⑪ ）力・受容力などに分けることができる。

⑫Society（ ⑫ ）あるいは超（ ⑬ ）社会と呼ばれるこんにちにあって、生涯にわたって学び続け、自ら率先してリスキリングをはかろうとする姿勢はますます重要になる。

⑨

考えよう

①AI関連技術の飛躍的な進展は人間の働き方を大きく変えつつあるが、人の人間性にもとづくような仕事はAIによる代替は難しいといわれる。○か×か。

②ファッション産業は、製造にかかるエネルギー使用量が少なく、製品の生産・着用・廃棄にいたるサイクルが長いため、環境に与える影響が小さいと評価されている。○か×か。

③一次産業としての農林漁業と、二次産業としての製造業、三次産業としての小売業等の事業の総合的かつ一体的な推進をはかり、地域資源を活用した新たな付加価値を生み出す取り組みがある。「六次産業化」の例として、生活産業においてはどのような試みがなされているか。「生産」「製造」「加工」「販売」の語をすべて使って答えなさい。

● 第1章 「生活産業」を学ぶ

● 第2章 ライフスタイルの変化に対応した商品・サービスの提供

● 第3章 食生活関連分野

● 第4章 衣生活関連分野

◉第7章 なりたい自分になるために

Column

interview

「生活産業基礎」を学ぶにあたって

　生活産業とは，人が生きるために必要な衣食住や保育，高齢者の看護や介護を支える，なくてはならない産業である。生活産業は，私たちの日々の暮らしの，最も近いところにある。この産業がどのような内容と質を持っているかによって，暮らしの豊かさや，人を大切にする社会かどうかが決まる。豊かさや快適さに直結する衣食住関係産業や，人を尊重する保育や高齢者看護・介護サービスが発展すれば，私たちの未来は明るい。この科目を学ぶことを通して，そんな社会を実現するイメージをもってほしい。

　人生100年が夢ではなくなった。この恩恵を十分にいかして人生をどう生きるか考えていこう。職業人生は性別に限らず，今よりもっと長くなるだろう。それだけに，どんな職業を選択するのか，どのような働き方を望むのかを深く考えることが必要だ。また，幸せで満足できる人生を送るために大切なことを，念頭におくことも必要だ。たとえば，衣食住などの暮らしの基本を整える知識や技術を身につける，子育てや看護や介護をする，趣味や生きがいをもってくらしを楽しむ，などである。自分の人生や暮らしをよくしていくためには，社会そのものをよくしていくことも必要だ。社会の動きに関心を持ち，よりよい社会の実現をめざして，生活産業基礎を学んでほしい。

「生活産業」を学ぶ

生活産業にかかわるあなたの疑問を思い浮かべてみよう

私たちの日々の暮らしの
なかで，生活産業ってど
のくらい重要なんだろ
う？

そもそも生活産業って
何？

生活産業のスペシャリ
ストになるために，高
校時代にどんな努力を
したらよいのかな？

第1節 生活産業の役割

ねらい ●私たちがスペシャリストとして活躍することになる生活産業は，どのような特徴があるのだろうか。
●生活産業はどのような形で人々の生活を支え，豊かにしているのだろうか。

1. 生活にかかわる産業

1. 社会の変化と生活産業

　現在，日本では少子化や高齢化によって人口が減り，特に
労働力人口が減りつつある。また，過疎化に直面する自治体
も多い。世界的には，人口増加に伴う食料の不足，地球温暖
化を典型とする気候変動などに加え，エネルギー，安全・防
災，医療・福祉などに関する諸問題や，国際紛争の解決，人
やジェンダーの平等などのさまざまな社会的課題に関心が集
まっている 図1 。

図1 さまざまな社会的課題

食料の不足

エネルギー
問題

国際紛争

同時に，AI❶を中心とする高度な技術革新も大きく進展している。さまざまな情報をビッグデータ化して解析し，IoT❷で新たな価値を生み出すことで，上に述べた課題や困難を解決する未来社会❸の構築がめざされている。

5　もちろんこれまでも，技術革新によって新事業や新製品，新サービスが生まれ，社会課題の解決や，人々の暮らしの利便性・生産性を向上させてきた。並行して，産業の形態も常に変化し，新たな産業も次々と生まれてきた。

2. 技術革新と生活産業

10　近年のAI関連技術の大きな進展は，これまで想定できなかったほどに，人間の働き方を大きく変えつつある。例えば，正確さが求められる作業を長時間にわたって継続する業務などは，AIやそれを応用したロボットなどによって代替される可能性が高いといわれている❹。すでに，医療用の画像解析などの一部，電車や自動車の自動運転に向けた技術開発などにおいてはAIが活用されている。

15　一方，人の人間性にもとづくような仕事は，AIによる代替は難しいといわれている[Column]。まさに，衣食住，ヒューマンサービスに関する生活産業や，関連する職業の多くがこれにあたるだろう。生活産業は，さまざまなニーズに対応した商品やサービスの提供を行うことによって，人々の生活の質を向上させる。また，私たちの人間らしさに深く根差し，密接にかかわるものである。

❶AI　Artificial Intelligenceの略。人工知能のこと。

❷IoT　Internet of Thingsの略。さまざまなモノをインターネットにつなげることで，すべての人とモノをつなげること。

❸未来社会　日本では，超スマート社会（Society 5.0）と呼ぶことが多い。Society 5.0とは，これまでの狩猟社会（Society 1.0），農耕社会（Society 2.0），工業社会（Society 3.0），情報社会（Society 4.0）に続く，「サイバー空間（仮想空間）とフィジカル空間（現実空間）を高度に融合させたシステムにより，経済発展と社会的課題の解決を両立する，人間中心の社会」とされる。

❹他にも，以下の業務はAIなどに代替される可能性が高いと指摘されている。
・過去に蓄積された多くのデータの分析を行う業務
・大量の画像や映像の監視・鑑定を必要とする業務 図2
・音声言語を解析してテキスト化したり他の言語に翻訳したりする業務

図2　道路の監視システム

Column

AIの進展と仕事

AIの進展にともない，企業や個人における付加価値はどう変わるだろうか。専門性を要求する仕事であっても，それがある程度パターン化できるのであれば，AIによって自動化される可能性は高い。その際，専門性を要する部分と，そうではない部分に仕事の内容を分け，個人の能力は専門性を要する部分に振り分けていくことが必要になるだろう。

また，今後重要になる仕事の一つに，ヒューマンタッチの仕事がある。人間は人間がサービスしてくれることに対して大きな満足を得る。これは長い進化の過程で，社会的な動物として培われてきた本能による部分が大きいため，技術によってそう簡単に変わることではないだろう。

産業構造に占めるサービス業の割合はますます増えているが，それらがさらに進むと考えられる。例えば，小売における接客では，低価格での提供を主とする業態はロボットや機械が対応し，付加価値の高い業態は人間が対応するというような分離が考えられる。

厚生労働省「働き方の未来2035：一人ひとりが輝くために」懇談会（2016）による

図3 さまざまな生活産業

3. 生活産業とは

　この科目では，私たちがスペシャリストとして活躍することが期待されている「生活産業」を次のように定義している。

> 　衣，食，住や子どもが育つこと，高齢者の看護や介護など，人が生きることや生活に密接にかかわる商品やサービスを提供する産業

　具体的には，アパレル産業，ファッション小売産業，外食産業，中食産業，住宅販売・インテリア・リフォームにかかわる産業，子どもの保育・教育にかかわる産業，高齢者の看護・介護にかかわる産業などである。

　これらの生活産業には，ファッションデザイナーやパタンナー，管理栄養士や調理師，インテリアプランナー，保育士，介護福祉士などさまざまな職業がある。なお，日本標準産業分類 **図4** では，AからTまで20の大分類が設けられており，このうち生活産業に特にかかわりが深いのは，「M 宿泊業，飲食サービス業」「N 生活関連サービス業，娯楽業」「O 教育，学習支援業」「P 医療，福祉」である。

図4 日本標準産業分類

A 農業，林業	B 漁業	C 鉱業，採石業，砂利採取業	D 建設業	E 製造業
F 電気・ガス・熱供給・水道業	G 情報通信業	H 運輸業，郵便業	I 卸売業，小売業	J 金融業，保険業
K 不動産業，物品賃貸業	L 学術研究，専門・技術サービス業	M 宿泊業，飲食サービス業	N 生活関連サービス業，娯楽業	O 教育，学習支援業
P 医療，福祉	Q 複合サービス事業	R サービス業（他に分類されないもの）	S 公務（他に分類されるものを除く）	T 分類不能の産業 

日本標準産業分類（2013年10月改定）による

  サービス 対価を受け取り，顧客にモノではなく満足を提供すること。ホスピタリティは心のこもったもてなしのことで，対価を受け取らず，喜んでもらえるよう真心で対応すること。

2. 生活産業が果たす役割

1. 私たちの社会を支える生活産業

生活産業は，食品や衣服，住居，水道や衛生，医療，教育など，人々が生活するうえで不可欠な**商品**や**サービス**を提供する役割を担っている。また，農林水産業，建設業，製造業，小売業など，多様な産業とも深くかかわり合いながら発展してきた。

さらに生活産業は，日本の経済発展を支える存在であることも重要である。例えば，2022年の就業者数 図5 は，およそ6,723万人であるが，そのうち，生活産業に直接かかわる「宿泊業，飲食サービス業」「生活関連サービス業，娯楽業」「教育，学習支援業」「医療，福祉」の合計就業者数はおよそ1,863万人であり，就業者全体に占める割合は27.7％に及ぶ。

図5 **産業別就業者数**

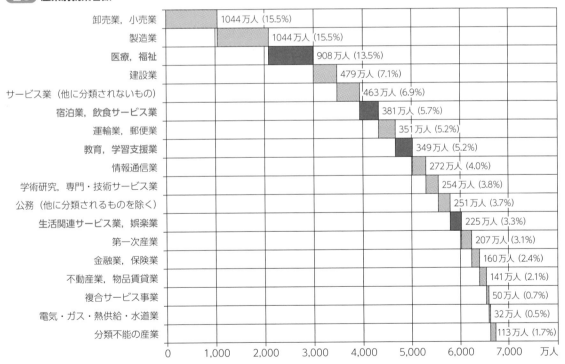

男女計，就業者数計＝6,723万人，2022年平均。
（注1）「第一次産業」は，「農業，林業」「漁業」「鉱業，採石業，砂利採取業」の合計。
（注2）（　）内の数字は，各産業の就業者数が全産業の合計就業者数に占める割合。

労働政策研究・研修機構「早わかりグラフでみる労働の今」による

11

2. 生活産業と消費者ニーズ

　生活産業の基本的な役割は，人が生きるために必要な衣食住や保育，高齢者（こうれい）の看護・介護（かいご）を支えることである。戦後の高度経済成長期を経た日本では，心の豊かさに重きをおきたいと考える人の割合が増えており 図6 ，人々が生活産業に求めるもの（消費者のニーズ）も高度で多様になっている。▶p.24

　例えば，核家族化（かく）や共働き家庭が増えていることで，外食や中食❶（なかしょく）を日々の食事に利用する動きが見られる。特に，2020年の新型コロナウイルス感染拡大期においては，外出自粛要請（じしゅくようせい）により中食へのニーズが一層高まった。これらを受け，加工食品や調理済み食品はより多様化し，栄養バランスへの配慮（はいりょ）や，栄養情報の適切な表示などへの期待も強まった。

　少子高齢社会に対応するため，子どもや高齢者向けの商品・サービスの充実（じゅうじつ）も進んでいる。鉄道や航空会社，百貨店，スーパーなどを中心に，障がいのある利用者に加えて，妊娠中（にんしん）や乳幼児連れの利用者，高齢者などを対象とした支援提供（しえん）の充実も進んでいる。

　生活産業は，高度化・多様化する消費者のニーズにこたえつつ，人々の生活を一層豊かで快適なものとする商品・サービスの提供によって発展していくのである。

❶調理食品の購入や，弁当や総菜などのテイクアウト，デリバリーを利用するなど，家庭外で調理された食品を家庭や職場に持ち帰って食べる食事形態。

図6　心の豊かさと物の豊かさ

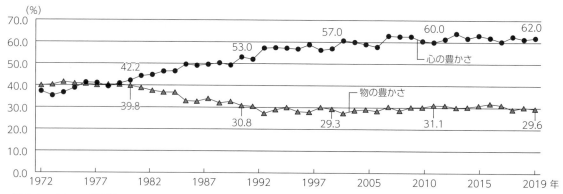

(注1) 心の豊かさ→「物質的にある程度豊かになったので，これからは心の豊かさやゆとりのある生活をすることに重きをおきたい」
　　　物の豊かさ→「まだまだ物質的な面で生活を豊かにすることに重きをおきたい」
(注2) 2015年調査までは20歳（さい）以上の者を対象として実施。2016年調査からは18歳以上の者を対象として実施。

内閣府「国民生活に関する世論調査（令和元年）」による

 　MDGs　SDGsの前身。2015年まで実施（じっし）された「ミレニアム開発目標（MDGs）」。2000年9月の国連ミレニアムサミットで採択（さいたく）された国連ミレニアム宣言をもとにまとめられた。

3. 生活産業と持続可能な開発目標（SDGs）

　私たち人間は現在，数多くの課題に直面している。私たち
がそれらの課題を放置しておけば，人間は安定してこの世界
で暮らし続けることができなくなるという危機感が世界的に
共有されてきた。このような危機意識を背景としつつ設定さ
れたのがSDGs❷である　図7。私たちが活躍することとなる
生活産業も，SDGsの達成に向けて貢献することが強く期待
されている。

　例えば，ファッション産業は，製造にかかるエネルギー使
用量や，製品の生産・着用・廃棄までのサイクルの短さなど
から，環境に与える影響がきわめて大きいといわれている。
そのため，環境に負荷を与えないファッションへの取り組み
が近年急速に広がっている。また，食品産業では，食料の輸
送に伴う環境負荷の軽減に向けて，国内生産の拡大や地産地
消の推進などへの関心が高まっている。この他，環境に配慮
した食品容器・包装を使用すること　図8や，健康を維持し，
健康被害を未然に防ぐことなどに関する取り組みも活発に行
われている。

❷SDGs　Sustainable Development Goalsの略。17のゴールによって構成される，持続可能な開発目標のこと。2015年9月に開催された国連サミットにおいて，2030年までに達成すべき具体的な目標として設定された。

図8　環境に配慮した飲料容器

紙製のカップとストロー不要のふたを取り入れることで，プラスチック削減に貢献している。

図7　持続可能な開発目標（Sustainable Development Goals：SDGs）

SUSTAINABLE DEVELOPMENT GOALS

1 貧困をなくそう
2 飢餓をゼロに
3 すべての人に健康と福祉を
4 質の高い教育をみんなに
5 ジェンダー平等を実現しよう
6 安全な水とトイレを世界中に
7 エネルギーをみんなにそしてクリーンに
8 働きがいも経済成長も
9 産業と技術革新の基盤をつくろう
10 人や国の不平等をなくそう
11 住み続けられるまちづくりを
12 つくる責任つかう責任
13 気候変動に具体的な対策を
14 海の豊かさを守ろう
15 陸の豊かさも守ろう
16 平和と公正をすべての人に
17 パートナーシップで目標を達成しよう

TRY

　企業におけるSDGsの達成に向けた取り組みを調べてみよう。
　関係する省庁のウェブサイトにおいても企業による優れた取り組み事例が紹介されているので，参考にしてみよう。

①企業名

②取り組み内容

まとめ
●生活産業には，どのような特徴があるのか理解できた。
●生活産業と人々の生活とのかかわりが理解できた。

13

第 2 節 産業構造の変化

✏️**ねらい**▸ ●少子高齢化やデジタル化などの社会的変化は，生活産業にどのような影響を与えてきたのだろうか。

●今後想定される影響とはどのようなものだろうか。

1. ライフスタイルの変化

1. 人口減少と高齢化がもたらすもの

　現在，日本は人口減少社会といわれている。戦後，増加し続けてきた日本の人口は，2005年に初めて減少した。その後は増減を繰り返し，2008年には1億2,808万人を記録し，最も人口が多くなった。しかし，2011年以降，人口が増加する年はなく，毎年20万人程度の減少が続いている **図9** 。

　人口減少の最大の理由は低い出生率，すなわち少子化である。この背景としては，結婚や出産をめぐる価値観の多様化などによる晩婚化❶，晩産化❷，生涯未婚率❸の増加などが上げられる。結婚しないことや子どもを持たないことも，社会的に認められたライフスタイルの一つになった。その一方，収入や雇用の不安定さが結婚を困難にさせたり，子育てや教育費に対する経済的不安感が子どもを持つことをためらわせる原因になっている。

❶平均初婚年齢が上昇傾向にあることをいう。妻の平均初婚年齢は，1980年には25.2歳であったが，2021年には29.5歳となっている。夫の平均初婚年齢は，1980年には27.8歳であったが，2021年には31.0歳となっている。（厚生労働省「人口動態統計」）

❷第一子出生時の母親の平均年齢が上昇傾向にあることをいう。第一子出生時の母親の平均年齢は，1980年には26.4歳であったが，2021年には30.9歳となっている。（厚生労働省「人口動態統計」）

❸50歳時点で一度も結婚したことのない人の割合。男性の場合1980年には2.6%であったが2020年には28.25%となり，女性の場合1980年には4.45%であったが，2020年には17.81%となっている。（国立社会保障・人口問題研究所「人口統計資料集」）

図9 日本の人口の推移

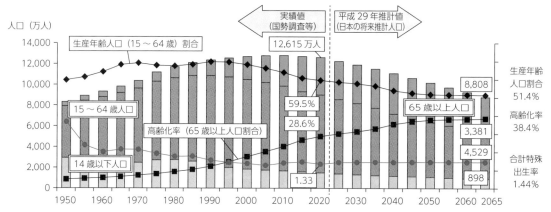

（注）2020年までの人口は総務省「人口推計」（各年10月1日現在），高齢化率および生産年齢人口割合は，2020年は総務省「人口推計」，それ以外は総務省「国勢調査」，2020年までの合計特殊出生率は厚生労働省「人口動態統計」，2025年以降は国立社会保障・人口問題研究所「日本の将来推計人口（平成29年推計）：出生中位・死亡中位推計」。

厚生労働省「厚生労働白書　資料編（令和4年度版）」による

　**ショールーミング**　小売店で確認した商品をその場では買わず，ネット通販によって店頭より安い価格で購入すること。値下げ競争によって小売店が疲弊していく問題がある。

このように少子化が進む一方で，平均寿命は伸び続けている。平均寿命は，1980年には男性73.35歳，女性78.76歳であったが，2020年には男性81.56歳，女性87.71歳となった。

以上のような少子高齢化は，子育て期間の短縮と，一人ひとりの子に対する質の高い子育て支援への関心の高まりをもたらしている。また，長寿に伴う老後生活の長期化と多様な高齢者支援への需要の増加，小世帯や単身世帯を対象としたモノやサービスへのニーズも高まっている。私たちが活躍することとなる生活産業側は，そういったモノやサービスに対する期待にこたえることが，強く期待されている。

2. その他ライフスタイルの変化

①環境問題への関心の高まり

地球温暖化や気候変動をきっかけとして，先進国・途上国にかかわらず，地球規模で環境問題に取り組まなくてはならないという意識が生まれた。日本では，2000年に循環型社会形成推進基本法が公布され，**循環型社会❹**を形成する方針が示された。

②健康志向の高まり

健康に関心を持つ人が増え，健康食品や健康関連の商品の需要が増えている。また，健康的な食生活や運動，ストレス解消法などに対する関心が高まっている。

③デジタル化の進展

スマートフォンやパソコン，タブレット端末の普及により，インターネット上での情報収集やショッピング，SNSの利用が一般的になった。また，AIを活用したインターネット上
▶p.9
のサービスの提供も急速に増加しつつあり，利用者のニーズへの柔軟な対応が可能となってきている。

④労働環境の変化

テレワークやフレックスタイム❺，育児や介護休業制度の充実など，働き方に関する制度が整備され，多様な働き方が可能になった。これにより，**ワーク・ライフ・バランス**（仕事と生活の調和）の実現への関心が一層高まった。

❹循環型社会　これまでの大量生産・大量消費・大量廃棄型の経済社会から脱却し，生産から流通，消費，廃棄にいたるまで，物質の効率的な利用やリサイクルを進める。これにより，資源の消費を抑制し，環境への負荷を少なくする社会のこと。

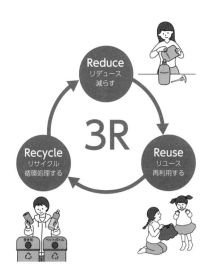

❺テレワークとは，情報通信技術を活用した，場所や時間にとらわれない柔軟な働き方のこと。フレックスタイムとは，1か月以内の一定期間における総労働時間をあらかじめ定めておき，労働者自身がその枠内で日々の勤務時間の長さを自由に設定できる制度。

❶生物学的な性別（sex）に対して，社会的・文化的につくられてきた性別や，性別役割分担のことをさす。「社会的性差」ともいわれる。

❷LGBTQ＋　性的少数者（セクシュアル・マイノリティ）の性的指向や性自認を意味する英語の頭文字をとってつくられた用語。Lesbian（レズビアン：女性同性愛者），Gay（ゲイ：男性同性愛者），Bisexual（バイセクシュアル：両性愛者），Transgender（トランスジェンダー：性自認が出生時に割り当てられた性別とは異なる人），Questioning（クエスチョニング：自らの性のあり方について，特定の枠に属さない人，決めかねている人），＋（プラス：LGBTQ以外の性的少数者の略）を意味する。性的少数者を表す総称としても使われることがある。

❸日本では，同性間での結婚（法律婚）はできない。それを前提として，自治体が同性同士のカップルを結婚に相当する関係と認め，証明書を発行する制度。法律上の配偶者としての権利は得られないが，公営住宅の入居や福利厚生制度の利用の際などに家族としての権利を認められる。

⑤ジェンダー❶をめぐる意識の変容

　女性の結婚・出産後を含めた就業率の上昇，男性の育児休業取得率の上昇，男性が家事・育児に参加することへの理解，LGBTQ＋❷に対する認知度の高まり，パートナーシップ制度❸を導入する自治体の増加，性別を問わないファッションの普及，ジェンダーにこだわらない考え方に対する支持の広まりなど，ジェンダーをめぐる意識の変容を背景としたライフスタイルの変化が進展している 図10。

　これらの変化は，生活産業が担うべき新たな社会的役割と，その意義を示すものである。特に，環境問題への関心や健康志向の高まり，ジェンダーをめぐる意識変容を前提とした生活産業の変化はこれからますます欠かせないだろう。

図10　「夫は外で働き，妻は家庭を守るべきである」という考え方に関する意識の変化

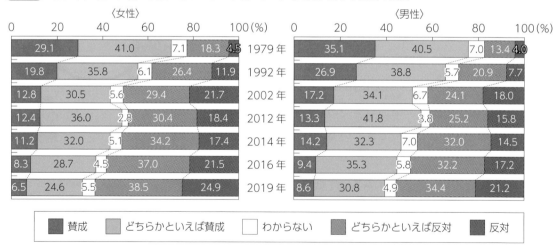

（注）総理府「婦人に関する世論調査」（昭和54年）および「男女平等に関する世論調査」（平成4年），内閣府「男女共同参画社会に関する世論調査」（平成14年，24年，28年，令和元年）および「女性の活躍推進に関する世論調査」（平成26年）より作成。平成26年以前の調査は20歳以上の者が対象。平成28年および令和元年の調査は，18歳以上の者が対象。

内閣府男女共同参画局「男女共同参画白書（令和3年版）」による

＋データ　ライフ・ワーク・バランス　ワークとライフをあえて逆にして，仕事（ワーク）より生活（ライフ）の方が優先されるべきというメッセージで用いられることもある。

2. 生活産業の移り変わり

1. 日本の雇用制度

　戦後の高度経済成長の過程において，男性労働者を中心に，終身雇用制度❹や人材育成，年功型賃金制度❺などを特徴とした日本型の雇用習慣が定着した。しかし，バブル景気の崩壊❻後の日本経済の低迷や，国際競争の激化を受けて，多くの企業が正社員を削減し，パートタイム労働者や派遣労働者の割合を高めていった。生活産業を支える多くの企業も，同様である。

2. 生活産業の動向

　生活産業の分野でなされている，ライフスタイルの変化などへの積極的な対応例を以下に上げる。▶p.14

①エシカル消費への対応

　人・社会・地域・環境に配慮し，エシカル❼な消費行動をとろうとする人々が増加しており，それに対応しようとする動きがある。フェアトレード❽認証商品の販売，地産地消❾の促進，ユニバーサル・デザイン❿の拡大などがある。

②六次産業化の推進

　六次産業化とは，一次産業（農林漁業），二次産業（製造業），三次産業（小売業など）が一体化した産業として，農林漁業の可能性を広げようとする動きのことである。生産者が加工・製造やサービスにも取り組み，新たな付加価値を生み出す。生活産業においても，扱う商材の原材料の生産・製造・加工・販売までをすべて自社で担い，消費者の信頼を高めようとする試みがなされている。▶p.59

③C to Cプラットフォームの提供

　インターネットを介した取引の拡大は，消費者同士がモノやサービスを直接売買するC to C⓫モデルを生んだ。生活産業においても，そのプラットフォームの提供によって事業拡大をはかっている事例がある 図11 。

❹終身雇用制度　正社員を定年まで雇い続ける制度。

❺年功型賃金制度　勤続年数や年齢に応じて給与を上げていく制度。

❻1980年代後半の金融緩和を受けて，企業や個人の投機資金が株式や不動産市場に流入し，株価や地価が高騰した。政府は，地価の高騰を抑えるために銀行の不動産融資を実質的に制限する政策をとり，これによって1991年から1993年頃にかけて株価・地価ともに急落した。泡のように急速に進展した好景気（バブル景気）が，急激に終息したため，このように呼ばれる。

❼エシカル（ethical）　倫理的・道徳的という意味を持つ（→p.84）。

❽フェアトレード　公正・公平な貿易。開発途上国の原料や製品を適正な価格で継続的に購入することにより，立場の弱い開発途上国の生産者や労働者の生活改善と自立をめざす貿易のしくみ（→p.84）。

❾地産地消　国内の地域で生産された食用の農林水産物を，その生産された地域内において消費する取り組み（→p.60）。

❿ユニバーサル・デザイン　障がいの有無や，年齢，性別，人種等にかかわらず，多様な人々が利用しやすいようあらかじめデザインする考え方（→p.86，106）。

⓫C to C　Consumer to Consumerの略。個人間取引のこと。

図11　C to Cプラットフォームの例

まとめ　●少子高齢化やデジタル化などの社会的変化が，生活産業にどのような影響を与えてきたのか理解し，今後，影響を与えると想定される社会的変化についても考えることができた。

17

●生活産業の分野でスペシャリストとして活躍するために，私たちはどのような努力を続けていけばよいか考えてみよう。

1. 人の一生と生活文化への関心

1. 人の一生と生活についての正しい認識

生活産業分野のスペシャリストになるためには，まず，人が一生を通じてどのように成長・変化するのか，ライフステージごとにどのようなサポートやサービスが必要となるのかを知る必要がある。普通教科「家庭」での学びは，生活産業のスペシャリストとして欠かすことのできない基礎知識の習得にも直結することを再確認しておこう。

2. 生活文化への関心

私たちの日々の生活は，私たち自身が意識する・しないにかかわらず，伝統的に培われてきた生活文化から大きな影響を受けている。例えば，季節の変化や年中行事に合わせて，部屋や衣服を整え，器を選んで料理を盛りつけるなどはその典型である。日本の長い歴史によって形成されてきた他者への思いやりや礼節を大切にする考え方，自然を大切にする気持ちは，このような生活文化を根底から支えてきた。

さらに，日本の生活文化は世界的にも高く評価されている。例えば，「和食」は2013年に**ユネスコ無形文化遺産❶**に登録され，多くの国の外食産業においても注目される存在である。また，伝統工芸の技と自然との調和を大切にする日本のデザインと，北欧デザインとを融合させたジャパンディ❷ 図12 と呼ばれるスタイルの家具が欧米諸国で人気を集めている。

日々の生活をより快適にすることに大きく貢献する生活産業に携わる者として，日頃から生活文化に関心を持ち，時代に即した伝承の方策を考えることが大切である。

❶ユネスコ無形文化遺産 「無形文化遺産」とは，芸能や伝統工芸技術などの形のない文化であって，土地の歴史や生活風習などと密接にかかわっているもののことをさす。ユネスコ（UNESCO：国際連合教育科学文化機関）の「無形文化遺産保護条約」では，この無形文化遺産を保護し，相互に尊重する機運を高めるため，登録制度を実施している。

❷Japandi。日本的なデザイン（Japanese design）と北欧的なデザイン（Scandinavian design）を融合させたもの。家具・照明器具などの他，インテリア全般のデザインやスタイルを含む。

図12 ジャパンディ

  エシカルウォッシュ エシカルが売れるためのアピールになるにつれ，倫理を主張しながら実際には倫理的でない企業もいる。そのような企業は，消費者からの批判が高まるようになっている。

2. 感性やコミュニケーション能力の向上

1. 感性を磨く

　私たちの身の回りには，うきうきする，ほっとする，うれしくなるなど，さまざまな感情を引き起こすモノ・サービス・情報がたくさんある。

　このような人間の感情は，その後の行動にも大きな影響を与える。「あの人からはいつも冷たい態度を感じてしまうので，あまり近づきたくないな」，「この靴を履くと気分が明るくなるから，出かけるのが待ち遠しい」など，何気ない感情であってもその人の行動を左右することがある。

　このように，人は常にさまざまな感情を抱く存在であり，それらの感情は人の行動にはたらきかけ，生活の質そのものに影響を及ぼすことがある。生活産業に携わる者は，この事実を正しく認識する必要がある。提供する商品やサービスが，どのような場で利用され，ユーザーのどのような感情に結びつく可能性があるのか。この点を想像する力と感性を磨くことは，とても大切である。

図13 さまざまな感情を表す絵文字

TRY

▶真冬の寒い日，学校から家に帰ってお茶やホットミルクを飲んだとき，学校生活の中で意識せずに感じていた緊張感がやわらぎ，ほっとした。

①いつのできごと？

②どのようなできごと？

▶風邪などで体調を崩して学校を休んでいる日に，信頼できる友人から届く何気ないSNSのメッセージが，いつも以上にうれしかった。

このように，さまざまな感情を引き起こしたできごとを思い出してみよう。

③どのような感情になった？

19

❶B to C　Business to Consumerの略。企業が個人（一般消費者）に対して行う取引形態・販売形態。

❷B to B　Business to Businessの略。企業が企業に対して商品・サービスを提供する企業間取引の形態。

TRY

高校に入学してから今日までの経験を振り返って，友人との意思疎通（コミュニケーション）がうまくいかなかった時のことを思い出してみよう。

①その時，なぜコミュニケーションが円滑に進まなかったのか，理由を書き出してみよう。

②その時，あなたに不足していた力は 図14 の①〜④のうちどれにあたるか，考えてみよう。

③このような経験を少なくしていくために，これからの高校生活を通してあなたが努力していきたいことを書いてみよう。

2. コミュニケーション能力の向上

①人とかかわる仕事

　生活産業は，人と直接的にかかわる職種や職業が圧倒的に多い。例えば，食生活にかかわる産業では，レストランなどの外食産業の他，コンビニエンスストアやスーパーマーケットなどで販売される弁当や総菜などの中食産業の職業がある。衣生活にかかわる産業では，アパレル産業やファッション小売り産業などの**B to C❶**はもちろんのこと，**B to B❷**のコミュニケーションが求められる職業もある。住生活にかかわる産業では，注文住宅や建売住宅の建築設計や販売にかかわる産業，インテリアやリフォームにかかわる産業など，顧客の声を聞くことからスタートする仕事が多くある。ヒューマンサービスにかかわる産業では，高齢者福祉サービス，児童福祉サービス，家事代行サービスなど，人との直接的なかかわりのなかで，役割を果たす仕事が中心となる。

②コミュニケーション

　一般に，コミュニケーション能力は「他者と意思疎通をはかる能力」と説明される 図14 。

　コミュニケーション能力を高めるチャンスは，高校生活のなかにもある。授業での話し合いもその重要な機会となる。また，各種の実験や実習に友人と取り組んだり，学校家庭クラブ活動を通して地域の方々と接したりするなかでも，コミュニケーション能力を向上させることができる。積極的に取り組もう。

図14 コミュニケーション能力

① 自己統制力
自らの感情の起伏（特に相手に対する怒りや失望）をコントロールする力。

② 自己表現力・伝達力
自分の考えを相手に伝えようとする積極的な姿勢。

③ 論理的構成力
適切な言葉を使いながら，筋道を立ててわかりやすく説明する力。

④ 傾聴力・受容力
相手の立場に立って相手の話をきき，それを真摯に受け止める力。

ゼネラリスト　専門家や専門職を表すスペシャリストの対義語。幅広い知見と多面的視野で現場を広く見まわし，オールマイティーに活躍できる人材や役職をさす。

3. 専門的な知識と技術の習得

　本章ですでに述べたとおり，人々はものの豊かさから心の豊かさを重視するようになっており，消費者のニーズの多様化や個別化もますます進んできた。また，科学技術や産業の発展に伴い，衣食住，保育，家庭看護や介護などに従事する者に求められる知識は幅広く，必要な技術もより高度になってきている。生活産業に携わる将来のスペシャリストとして，子どもや高齢者をはじめとする幅広い世代の人への理解を深めることはもちろん，高い専門性を身につけることが求められる。

　例えば，衣服やファッションの分野であれば，高い縫製技術だけでなく，磨き抜かれたファッションセンスが求められる。保育や介護の分野であれば，保育技術や介護技術はもちろんのこと，子どもの発達に関する知識や高齢者の心理についての知識も必要となる。

　基礎的・基本的な知識や技術をしっかりと習得したうえで，産業構造やライフスタイルの変化，技術革新の進展などを踏まえた高度な知識と技術を身につける必要がある。それらを，創造的な商品開発や新たなサービスを考案する力に結びつけていくことが大切である。

　さらに，Society 5.0と呼ばれるこんにちにあって，生涯にわたって学び続け，自ら率先してリスキリング❸をはかろうとする姿勢はますます重要になることも忘れてはならない。

❸リスキリング（reskilling）　現在就いている職業で必要とされるスキル（知識や技能）の大幅な変化に適応したり，新しい職業に就いたりするために，必要なスキルを獲得すること。

図15　リスキリングの導入状況

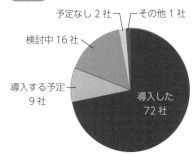

予定なし 2社　その他 1社
検討中 16社
導入する予定 9社
導入した 72社

具体的な内容（複数回答）	
オンライン学習実施	70社
研修やワークショップ開催	64社
社員の資格取得など支援	48社

導入のねらい（複数回答）	
業務の生産性向上	67社
専門人材の育成	61社
社員のモチベーション向上	58社

NHK「首都圏ナビ（2023年）」による

TRY

衣食住にかかわる地域の伝統文化を調べ，今の時代にマッチした伝承の方法について考えてみよう。
①衣食住にかかわる伝統文化や伝承文化で，気になるものを上げてみよう。

②上げたものについて，より多くの人に知ってもらうには何ができるだろうか。以下の観点を参考に考えてみよう。
・現代の消費者のニーズに合ったアレンジができる？
・新しい技術と組み合わせることはできる？
・どんな方法でよさを伝える？

まとめ　●生活産業の分野でスペシャリストとして活躍するために必要なことについて，自分の考えをまとめることができた。

TOPIC
100年時代の人生戦略とは

8 働きがいも経済成長も

クラスの二人に一人は107歳まで生きる！？

　2016年に刊行された「LIFE SHIFT（ライフ・シフト）―100年時代の人生戦略（東洋経済新報社）」 **図1** によれば，2007年生まれの日本人の50％が107歳まで生きると推測されている。人生100年が当たり前になるのだ。

図1 LIFE SHIFT

これからの人生戦略

①働き続ける人生

　平均寿命が80歳の時代は，20代で就職して60歳で定年退職すれば，引退後の年数は20年であった。一方，平均寿命が100歳の場合，同様に想定すると，引退後の年数は倍の40年となり，生活資金も倍のお金が必要になる。

　したがって，人生100年時代では，多くの人が60歳で引退せずに働き続けることになるだろう。

②3ステージからマルチ・ステージへ

　これまでは，人生を「教育→仕事→引退」の3ステージ **図3** で捉えることが一般的だった。しかし，平均寿命が延びていることにより，働く期間が長くなることが予想されており，これまでと同じ考え方では，「仕事」の期間はあまりに長く過酷であり，疲弊してしまう。そこで，3ステージの人生の代わりに，マルチ・ステージ **図3** の人生が提唱されている。マルチ・ステージの人生では，「引退」の前にさまざまなステージを複数経験するようになる。

③「大学生」と聞いただけでは年齢が予想できない時代

　社会の変化が激しくなり，20代までに学校で習得した知識やスキルだけでは，足りなくなっていくだろう。学校を卒業した後であっても，学び直しとスキルの再習得に投資する必要がある。

　「自分の人生はこれで本当によかったのか」そんな疑問がわいてきたら，下の空欄を埋めてみよう。過去や前例に縛られず，より自分らしく生きられるようになるだろう。

わたしの人生は

のためにあります。

図2 平均寿命の推移と将来推計

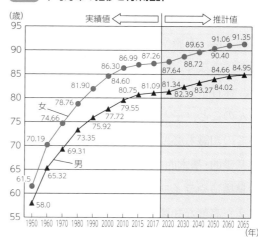

資料：1950 年は厚生労働省「簡易生命表」，1960 年から 2015 年までは厚生労働省「完全生命表」，2017 年は厚生労働省「簡易生命表」，2020 年以降は，国立社会保障・人口問題研究所「日本の将来推計人口（平成 29 年推計）」の出生中位，死亡中位仮定による推計結果

（注）　1970 年以前は沖縄県を除く値である。0 歳の平均余命が「平均寿命」である。

内閣府「高齢社会白書（令和4年版）」による

図3 「3ステージ」から「マルチ・ステージ」への移行

これまでの人生 **3 ステージモデル**
ロールモデルあり。同世代で一斉行進の人生。

0歳	20歳	40歳	60歳	80歳
教育	仕事		引退	

▼

これからの人生 **マルチ・ステージモデル**
ロールモデルなし。年齢とステージは関係なし。

0歳	20歳	40歳	60歳	80歳	100歳
教育	会社員／副業	起業	学び直し／フリー	会社員／副業	ボランティア／学び直し／引退

「人生100年時代の働き方を考える（リクナビNEXTジャーナル Web記事2021年7月20日）」による

第❶章 章末問題

◇確認問題◇

1 （ ① ）とは，衣，食，住や子どもが育つこと，高齢者の看護や介護など，人が生きることや生活に密接にかかわる商品やサービスを提供する産業である。

① _____

2 新型コロナウイルス感染拡大期においては，外出自粛要請により（ ② ）へのニーズが一層高まった。

② _____

3 2015年9月に開催された国連サミットにおいて，SDGsは（ ③ ）年までに達成すべき具体的な目標として設定された。

③ _____

4 資源の消費を抑制し，環境への負荷を少なくする社会を（ ④ ）という。

④ _____

5 自治体が同性同士のカップルを結婚に相当する関係と認め，証明書を発行する制度を（ ⑤ ）制度という。

⑤ _____

6 人・社会・地域・環境に配慮し，（ ⑥ ）（倫理的・道徳的）な消費行動をとろうとする人々が増加している。

⑥ _____

7 インターネットを介した取引の拡大は，消費者同士がモノやサービスを直接売買する（ ⑦ ）モデルを生んだ。

⑦ _____

8 「和食」は，2013年に（ ⑧ ）無形文化遺産に登録された。

⑧ _____

9 人は常にさまざまな（ ⑨ ）を抱く存在である。自らが提供する商品やサービスがユーザーのどのような（ ⑨ ）に結びつく可能性を持つのか，想像する力を磨くことはきわめて重要である。

⑨ _____

10 企業が企業に対して商品・サービスを提供する企業間取引の形態を（ ⑩ ）という。

⑩ _____

11 コミュニケーション能力は，①自己統制力，②自己表現・伝達力，③論理構成力，④（ ⑪ ）力・受容力などに分けることができる。

⑪ _____

12 Society（ ⑫ ）あるいは超（ ⑬ ）社会と呼ばれるこんにちにあって，生涯にわたって学び続け，自ら率先してリスキリングをはかろうとする姿勢はますます重要になる。

⑫ _____

⑬ _____

考えよう

1 AI関連技術の飛躍的な進展は人間の働き方を大きく変えつつあるが，人の人間性にもとづくような仕事はAIによる代替は難しいとされている。○か×か。

2 ファッション産業は，製造にかかるエネルギー使用量が少なく，製品の生産・着用・廃棄にいたるサイクルが長いので，環境に与える影響が小さいと評価されている。○か×か。

3 一次産業として農林漁業と，二次産業としての製造業，三次産業としての小売業等の事業との総合的かつ一体的な推進をはかり，地域資源を活用した新たな付加価値を生み出す取り組みである，「六次産業化」の例として，生活産業においてはどのような試みがなされているか。「生産」「製造」「加工」「販売」の語をすべて使って答えなさい。

第2章 ライフスタイルの変化に対応した商品・サービスの提供

どんなイメージをもっている？

企画・開発のアイデアを出すにはどうしたらよいだろう？

商品・サービスを売れるものにするにはどうしたらよいだろう？

組織ではなぜコミュニケーションが大切なの？

第1節 消費者ニーズの把握

ねらい
●マーケティングにおいて，なぜ情報の収集・分析が重要となるかを考えよう。
●1次データと2次データの違いを理解しよう。

5

❶マーケティング（marketing）　研究者フィリップ・コトラーは，マーケティングを次のように定義している。
　「マーケティングとは，交換過程を通して，ニーズ（必要性）とウォンツ（欲求）を満たすことを意図する人間の活動である」
　例えば，「渇いたのどをうるおす」というニーズがある場合，ウォンツは「○○というメーカーの温かい緑茶を飲みたい」というように，ニーズを満たすための具体的な商品・サービスのことをいう。

1. 消費者ニーズ

　生活産業の各分野は，消費者の生活の質の向上につながるモノ（商品）やコト（サービス）を提供することで，**消費者のニーズ**を満たすことが求められる。たとえ，斬新な商品・サービスを販売しても，消費者ニーズを満たしていなければ消費者に購入してもらえず，そのビジネスは継続できない。そこで，消費者が何を求めているかを把握する，**マーケティング❶**という考え方が必要となる。

10

ツナマヨおにぎり誕生秘話　セブン−イレブンが1983年に発売した「シーチキンマヨネーズ」は，当時小学生だったメーカー担当者の息子がごはんにマヨネーズをかけるのを見てひらめいた。

消費者のニーズは，個人の頭の中や，社会の中に埋もれている。これらを具体的に把握するには，関連する情報❷を的確に収集・分析することが求められる。

情報には，1次データと2次データの2種類がある 図1。

❷マーケティングにおいて情報は，ヒト（人的資源），モノ（設備・建物など），カネ（資金）と並ぶ重要な経営資源の一つである。

❸その情報が，だれによって，あるいはどのような機関によって，収集・分析された情報であるのかを確かめることが重要である。このように目的に合わせて，情報を正しく活用する力を**情報リテラシー**という。

図1 1次データと2次データ

	1次データ	2次データ
概要（がいよう）	明確な目的を持って，調査対象や方法などを決めて行う調査で得られるデータ。自ら行う場合と調査会社などに委託（いたく）する場合がある。1次データは，知りたい情報を直接的に収集することができる。	求めている調査と類似の内容の調査が，すでに他者によって行われており，その結果が公表されている場合に得られるデータ❸。
データを得る主な方法	インタビュー，アンケート　など	国際機関や官公庁が公開している統計や白書，業界団体や企業が公表している調査レポート，専門家による書籍・論文（しょせき）・新聞・雑誌　など

2. 市場調査

市場を取り巻く環境（かんきょう）は常に変化することから，消費者のニーズも変わっていく。売れ行きが思わしくない場合には，**市場調査** 図3 の結果を踏（ふ）まえて，従来の商品・サービスの改良や，販売方法の変更を行うことが求められる。

図3 市場調査の流れ

①調査目的の明確化
何のために調査を行うのか，調査目的を明確に設定する。

②調査計画の策定
仮説を立て，誰を対象に，どのような方法で，具体的にどのような質問をするのかを決める。

③調査の実施
1次データを収集する前に，入手可能な2次データを調べて，市場の全体動向を把握する。2次データから必要な知識・情報を把握できたら，最新の1次データを収集する。1次データの収集に用いられる調査方法にはさまざまなものがあり，調査目的や調査対象者などの条件によって使い分けていくことが必要である。調査方法によっては，調査準備やデータ収集のしかたが変わってくる。

④調査結果の分析
インタビュー結果の場合は，ノートに記述しておいた内容を整理したり，要点をまとめたりする。アンケート結果の場合は，表計算ソフトや専用のソフトを活用して分析する。
最終的には分析結果のレポートを作成し，調査報告書としてまとめておくと，次回以降の市場調査の参考資料として活用することができる。

図2 1次データ収集の例

▶店舗（てんぽ）でのインタビュー調査

▶試食アンケート調査

▶ブースでの官能評価

まとめ
●マーケティングにおいて，情報の収集・分析が重要である理由を考えることができた。
●1次データと2次データの違いが理解できた。

第2節 商品・サービスの企画・開発および販売・提供

✎ねらい▶ ●新商品・新サービスのアイデアは，どうしたら生まれるかを考えよう。
●商品・サービスの品質はどのように保たれているのか学ぼう。

1. 商品・サービスの企画・開発

　市場調査で明らかになった消費者ニーズをもとに，商品・サービスの企画・開発を行う 図4 。具体的には，商品・サービスのアイデアを出し，そのなかから選ばれたアイデアについて**コンセプト**❶を考える。その後，マーケティング戦略の立案や，事業分析，試作品の開発と市場テストを行う。この結果を踏まえ，必要があれば修正や改善を加えて，新たな商品・サービスは市場に導入される。

❶コンセプト　概念や基本的なイメージのこと。

図4 商品・サービスの企画・開発プロセス

①アイデア創出	企画・開発の担当者は，企画・開発のヒントになるような，日常生活での発見やふとした瞬間にもたらされたアイデアを書き留めておく習慣を持っている。
②アイデア・スクリーニング	会社では，それぞれが持ち寄った新商品・新サービスの多くのアイデアを検討する。そこで，消費者視点で受け入れられるか，ターゲット層に合致するかなどを検討する。
③コンセプト開発とテスト 	アイデアの絞り込みができたら，新商品・新サービスのコンセプトを考える。生活産業において企画・開発する商品・サービスは，それを利用する生活者の視点が重要である。コンセプトを考える際は，だれに（どのような人に販売するか），何を（どのようなニーズを満たすか），どのように（どのような方法・技術でニーズを満たすか）の三つの要素を踏まえるようにする。
④マーケティング戦略の立案	マーケティングは，商品・サービスが売れるようにするための手法である。多様化する消費者ニーズや社会・経済の動向を分析しながら，商品・サービス（Product），価格（Price），流通（Place），販売促進活動（Promotion）の四つのPを考える。 
⑤事業分析	新商品・新サービスのコンセプトを，どうすれば形にできるか，売上を上げることができるか，採算がとれるか，などを分析する。
⑥製品・サービス開発	製造・販売に向けて設計に取り組み，試作品を作製する。社内で確認・承認を受けた後，量産化に必要となる工程，設備，管理担当者などの調整を行う。 
⑦市場テスト	大々的に販売する前に，消費者に受け入れてもらえるのかを小規模で試す。まだ改良の余地がある可能性もあり，失敗のリスクを最小限に抑える機会でもある。
⑧市場導入	市場テストをクリアできたら，本格的に販売を行う。

 **シンキングツール（思考ツール）** 計画を立てる時には，ひらめきも大切だが，ロジックツリー，ベン図，ピラミッドチャート，コンセプトマップを用いて，考えや物事を整理しよう。

2. 商品・サービスの販売・提供

1. 品質情報

市場に導入された商品・サービスを安全に購入・利用し続けられるためには，常に品質に関する情報をオープンにしておくことが重要である。原材料は何を使い，どのような工程5でつくり，量や価格がどのくらいか，などが見えると，消費者は安心して購入・利用することができる。

また，各社はお客様相談室などを設置して，消費者の声に耳を傾けている。消費者から受けた意見や指摘は，自社内や業界内で共有することで，商品・サービスの改良や新開発に10つなげている。

2. 生産管理・在庫管理・人材管理

ビジネスを円滑に進めるには，受注および経営計画にもとづく生産管理が必須である。生産管理は，**QCD❷**を最適化させることが重要となる。品質を良くすれば費用がかかって15納期が遅れ，費用を削減すれば品質が損なわれやすい。これらのバランスを見て，最適に管理する必要がある。

在庫管理は，在庫数の把握・調整によって欠品を防いだり，余剰在庫を処分して新商品を置くスペースを確保したりするために重要である。在庫を保有することは，保管する倉庫や20在庫を管理する従業員などにコストがかかるため，適切な管理が求められる。スーパーマーケットやコンビニエンスストアなどの小売業では，**POSシステム❸**を導入し，常に売れ行き動向を把握している 図5 。

また，企業間の商品発注をオンライン上で行えるものを25**EOSシステム❹**といい，在庫管理と連動して不足しそうな商品を自動で発注できるしくみが導入されているところもある。

POSデータは，生産管理や人材管理にも利用できる。過去のデータから，時期や時間帯に応じて最適な商品の数量や30従業員の人数を予測できるため，売り逃しや売り残しを防ぎ，人件費の無駄も削減できる。

他にも，店の外装や店内のレイアウト，BGM，匂いなど，店舗内外の環境も消費者の購入・利用を促進し得る。

❷**QCD** Quality（品質），Cost（費用），Delivery（納期）の頭文字をとったもの。
❸**POSシステム** POSは，Point Of Salesの略。販売時点情報管理システムのこと。
❹**EOSシステム** EOSはElectronic Ordering Systemの略。自動補充発注システムのこと。

Column

工場見学

近年，品質を決定づける原材料・製造工程・機能性などの情報を，消費者に直接知ってもらい，体験してもらうことができる工場見学がさかんになっている。それによって，商品・サービスに安心してもらうのと同時に，長く愛用してもらえるファンを生み出すことができる。自信を持って自社の商品・サービスの安全性やこだわりを見てもらうことで，他社との差別化をはかれるだけではなく，従業員のモチベーションの向上にもつなげることができる。

図5 POSレジ

レジで収集したPOSデータ（購入者の性別・年齢層，購入日時，購入店舗，商品名，価格，購入個数など）は，本部へ瞬時に送信されて集計・分析される。これらの情報は，在庫管理のために次の仕入れ計画と発注にいかされる。

まとめ ●新商品・新サービスのアイデアがどのように生まれているのか考えることができた。
●商品・サービスの品質はどのように保たれているのかわかった。

商品開発実践例①

菓子の街をさらに盛り上げる新商品化プロジェクト

- 栃木県茂木町×日本大学 食品ビジネス学科 -

【概要】

　栃木県茂木町は，高齢化や人口減少が進む地域であるが，積極的に地方創生❶に取り組んでいる。なかでも，2020年に町役場の若手・中堅の職員が中心となって立ち上げた地域商社❷「一般社団法人Social Up Motegi（SUM）」に注目が集まっている。SUMの取り組みは，行革甲子園でグランプリを受賞図1するなど，全国的にも先進モデルとして知られている。SUM設立の年からかかわる日本大学 食品ビジネス学科の研究

図1 行革甲子園でグランプリを受賞

室とゼミ学生チームは，産官学連携で茂木町をさらに盛り上げていく実証研究プロジェクトを立ち上げた。

❶地方創生：「東京圏への人口の過度の集中を是正し，それぞれの地域で住みよい環境を確保して，将来にわたって活力ある日本社会を維持することを目的」（内閣府）とする政策である。
❷地域商社：農産品・工芸品などの地域特産品や関連するサービスを，生産者に代わって地域内外へ販売することで，「地域の稼ぐ力」を発揮する組織のこと。

【市場調査】

　まず注目したのが，人口約1万人の茂木町に，7軒もの菓子店（和菓子店6軒，洋菓子店1軒）が立地していることであった（2021年時点）。そこで，2次データから地域特性の把握を試みたところ，他の地域と比較して，人口あたりの菓子店軒数が多いことが明らかになった。

　茂木町には，なぜこれほどまでに菓子店があるのか，その答えを見つけるべく，学生チームは現地を訪問して各菓子店の経営者に対してインタビュー調査を試みた（1次データ取得）。

> かつて茂木町では葉タバコなどの農業・商業がさかんであり，1949〜1977年にはタバコを製造する日本専売公社（現：JT）の茂木工場が置かれていた。葉タバコ農家だけではなく，工場で働く多くの従業員とその家族がこの町で暮らしており，仕事を終えたあとに，家族へのお土産として菓子を自宅に買って帰る人が多かった。

> 最盛期には町内の菓子店が10軒をこえていたが，時代の変化とともにタバコづくりは無くなり，人口もピーク時の1/3まで減少したが，菓子店の経営は継続している。

　インタビュー調査より，町民や来訪者に愛される菓子づくりの文化が，長く茂木町で受け継がれていることがわかった。また，以下のような現状と課題も明らかになった。

① 人口減が集客に影響している。
② 町内の道の駅がアンテナショップとして機能し，菓子店舗とは別の集客力（売上の20〜50%）を有している。
③ 地域に根差しつつ全国へ魅力を発信していくため，地域個性をいかした新商品・新サービスの開発による新たな集客力向上が必要になっている。

【企画創出】

「菓子の街を盛り上げたい」との菓子店経営者の声を受けて，学生チームは新菓子商品の企画と地方創生に貢献するビジネスプランを策定した 図2 。

図2 ビジネスプラン

2021年 4〜5月	・地域商社・役場とのオンラインミーティング ・2次データの収集・分析（地域資源調査，市場調査，地域課題分析など） ・アイデア創出とアイデア・スクリーニング
6〜7月	・現地調査（各菓子店や道の駅，菓子原材料生産者の視察調査） ・1次データの収集・分析（各菓子店経営者のインタビュー調査）
8〜10月	・調査・分析結果を踏まえたコンセプト開発と試作品の製作 ・マーケティング戦略の立案と事業分析（原価計算，収益シミュレーション，プロモーション） ・製品開発（菓子店での新製品の本試作）
10〜11月	・市場テスト（道の駅での試験販売イベントの開催と消費者アンケート調査・分析）
12月〜	・市場導入（販売開始）

【商品企画・商品試作】

調査・分析結果をもとに，新製品の試作を行った。

<製品案①：もてぎの魅力をもぎ取ったフルーツどら焼き>

茂木町には，春夏秋冬と季節ごとに旬のフルーツが採れるため，リピーターの獲得が期待できる。フィールドワークで訪れた農園ではイチゴ狩りのサービスを提供しているが，加工品の製造が難しいことがわかった。しかし同じ町内には，和菓子店がある。農園はイチゴの生産に強みがあり，和菓子店には加工に強みを持つプロの菓子職人がいる。お互いの強みを掛け合わせることで，新たな価値が生まれた。

<製品案②：和トゥンカロン>

「茂木町 スイーツ」でウェブ検索すると，流行りのスイーツがなかったことから，新たな集客を期待できる進化系スイーツの開発を模索した。茂木町で生産がさかんな鶏卵をいかして，和と洋をフュージョン（融合）させることにした。クリームの上に載せた小豆の餡を，抹茶を混ぜた太っちょマカロンで挟む。じつは地元の洋菓子店では20年以上前にマカロンをつくっていたが，オーブンで焼くと割れやすいため，あまりつくってこなかった。学生チームの企画をプレゼンしたところ，パティシエの職人魂に火をつけることとなり，試作が重ねられた。

【市場テスト】

試作品を販売する場を設け，購入した方にGoogleフォームでアンケートを実施した。市場テストで得られた消費者データは，試作品のさらなる改良や商品陳列の参考になった。

【まとめ】

今回開発した商品は現在，茂木町内の菓子店舗だけではなく，道の駅やECサイトで販売する季節限定商品や定番商品となっている。今回立ち上げたプロジェクトは，新商品の販売へと結びつき，結果的には，地域の活性化に貢献した。

反射材を利用した安全グッズの商品開発

- 宇部フロンティア大学付属香川高等学校 -

　だれにとっても使いやすい，安全，安心なユニバーサル・デザインを意識した商品を開発し，地域の警察署や祭り，バザーなどで販売している。

【活動目的・志】

　「私たちの力で社会が変わる」をテーマに，学んだ知識・技術・知恵を使って，よりよい社会づくりをめざしている。この商品を開発するきっかけは，地域での夜間事故被害者や加害者が増えていたことからであった。

　山口県では，夜間の歩行者事故による死亡者は，昼間の約5倍であり　図1　，犠牲者は全員反射材などを身につけていなかった。もし，反射材を身につけていれば，犠牲者も事故の加害者も出さずにすんだかもしれない。

図1　歩行事故死亡者12人中の昼・夜別統計

昼間 2 人

夜間 10 人

※昼間とは，日の出から日の入りの間。
「山口県　交通安全・交通事故発生状況
（2021年1〜12月）」による

【商品開発のアイデアスクリーニング】

① ファッション造形の授業で学習した裁縫の技術が身についている（小物製作）
② 地域の繊維会社や校内から布端切れの提供がある（布地のリサイクル）
③ 売れ残った反射材の提供がある（安全グッズのリサイクル）
④ 年代・性別を問わない，ユニバーサル・デザイン

【商品製作】

商品①　安全ポシェット（500円）

　肩かけポシェットに反射材を縫いつける。ポシェットは財布や携帯電話などが入る大きさ。授業であまったレースなどをあしらい，デザイン性も意識した。袋の表，肩紐の部分に反射材がついている。

図2　安全ポシェットと安全リストシュシュ

商品②　安全リストシュシュ（100円）

　手首にかけたり，髪の毛を束ねるときに使用する。反射材によって，自分の存在が自動車の運転手に気づかれやすい。

図3　着用例

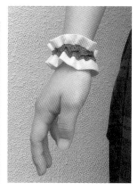

【使用実験】

開発した商品を身につけて，夜の登下校通路にて使用実験を試みた。反射材を身につけた状態でライトを照らすと，反射材の部分が光ることで，人の存在を確認しやすくなることがわかる 図4 。

※使用実験では、安全ポシェットのほか、開発中の安全帽子と安全杖も使用。

図4 **使用実験のようす**

反射材 あり

反射材 なし

【地域での販売・話題性】

図5 **宇部交通安全協会へ納品**

図6 **全国ホームソーイングコンクール小物作品部門入賞**

図7 **地域の祭で販売（左），校内文化祭でのチャリティーバザー（右）**

【まとめ】

商品開発・販売の活動は，自分たちが学習している知識や技術を使って，地域の方々の住みやすさにつながるものとなった。また，この活動は，「ボランティアをやりたい！高校生ボランティア・アワードに集まれ（岩波ジュニア新書）」や，地元の新聞にも掲載され，注目を集めた。商品の材料なども地域から提供されたものを使用するなど，リサイクル商品としてSDGs活動に貢献するとともに，だれにでも使いやすいデザインを意識したユニバーサル・デザイン商品として製作したことも，話題の一つとなった。

地元では過疎化の進行や，高齢者人口の増加，さらに街灯が少ないところも増えていることから，交通事故が起こりやすくなっていると考えられる。これらの地域社会が抱えている課題解決に向けて，学校での学びの特性をいかした活動を行うことは，自分たちの未来の仕事にもつながる経験となった。

第3節 マネジメントサイクル・経営理念

📎ねらい▶ ●イノベーションとマーケティングがビジネスの両輪といわれる理由を考えよう。
　　　　　　●PDCAと「計画→組織化→統合→測定」の違いを理解しよう。

1. イノベーションとマーケティングの　マネジメント

❶イノベーション (innovation) オーストリアの経済学者J.A.シュムペーターが提起した経済発展の理論。日本では長い間「技術革新」と同義に捉えられてきた。しかし，本来のイノベーションは技術革新にとどまらず，社会に新たな価値をもたらす事象を意味する。

❷マネジメント 提唱したP.F.ドラッカーによると，「組織をして成果を上げさせるための道具，機能，機関」であると定義される。言い換えると，チームや組織を目標に向かって動かす力のことである。

　ビジネスは，**イノベーション**❶とマーケティングが相互に作用することで，機能する。ビジネスの両輪であるイノベーションとマーケティングを上手に操縦するのに必要となるのが，**マネジメント**❷という考え方である。これは，民間企業だけではなく，学校，病院，協同組合，NPO，行政機関など，さまざまな組織で取り組まれている方法である。

2. 経営理念の意味

　イノベーションとマーケティングのマネジメントを行う際の基本となるのは，「何のためにこの組織があるのか」，「何のためにこの組織で働くのか」といった目的意識である。多くの企業では，自社の商品・サービスを通じて，社会や人々の暮らしを豊かにしようとする内容の**経営理念**を掲げている。経営理念は，組織の行動指針を明確にする役割がある。何のために，だれに向けて，その商品・サービスを開発・販売するのか，何のためにその組織で働くのか，という内容を明確に示している。経営理念は，大企業や中小企業にかかわらず，すべての会社に必要なものである図6。

図6 フード・コミュニケーション・プロジェクト（FCP）

　食品産業で過去の食品事件・事故の原因を調査すると，自社で経営理念を掲げていなかったり，経営理念を掲げていてもその意味を無視した行動をとってしまったりといったケースが多いことがわかっている。その反省をもとに，行政と食品事業者が一緒になって立ち上げた，フード・コミュニケーション・プロジェクト（FCP）では，食品事業者などに向けて研修会・勉強会を開催している。

TRY

気になる企業のホームページを検索して，経営理念を見てみよう。
①企業名（　　　　　　　　　　　　　　　　　　　　　　　　　　）
②その企業は，どのようなことを目的としているだろうか。

　**エシカル消費** 人・社会・環境・地域・生物多様性への配慮など人々や社会に配慮した消費行動。私たちが文化祭企画や商品開発を行う際にも，フェアトレードなどの社会問題を関連づけるとよい。

3. 組織マネジメント

　組織は経営理念に向けてイノベーションやマーケティングを行う。その際に必要となるマネジメントは，「計画→組織化→統合→測定」のプロセスが重要となる。このプロセスの類似の考え方として**PDCAサイクル**❸がある。

❸**PDCAサイクル**　Plan（計画），Do（実行），Check（評価），Act（改善），それぞれの頭文字をとった用語。改善策をもとに，次の計画に結びつけていく考え方である。これに対し，「計画→組織化→統合→測定」は，組織やチームでのコミュニケーションが重視される。

第2章

3　マネジメントサイクル・経営理念

図7　組織マネジメントのプロセス

【計画】
チームや組織が上げるべき成果を目標として掲げ，実現するための計画を作成する。開発する商品・サービスや，売り方を明確に決める。

【組織化】
目標実現に向けて，ヒト（人的資源）・モノ（設備）・カネ（資金）・情報などの経営資源を，イノベーションやマーケティング活動に向けて組み合わせていく。

【測定】
実行の結果をもとに，うまくいった要因と失敗した要因を分析する。一つのプロジェクトごとに，成果について測定を行うことで，次のプロジェクトに向けての改善策や新事業へのヒントにつながる。

【統合】
一緒に働くメンバーとのコミュニケーションを円滑にはかっていく。チームや組織の目標に向けて，みなで力を合わせて，自分たちがどう行動すれば貢献できるかを明確に意識する。そして，実行する。

　また，生活産業にかかわる事業を展開したり，従事したりするためには，資格や免許の取得を義務づけているものもあり，従事者は法令を遵守しなければならない[Column]。

Column

職業にかかわる法律

　生活産業にかかわる職業は，適切に商品・サービスを企画・開発，生産，販売・提供できなければ，消費者の身体や精神に損害を与えかねない。そのため，従事者に資格や免許の取得を義務づけているものがある。
　従事者に加え，生活産業に関する事業を展開する者も，営業許可の取得が必要な場合がある。例

えば食品の調理（飲食店，喫茶店）・製造・処理・販売業を営むには，食品衛生法および同法施行令により，事業者は所管の保健所に食品営業許可を申請しなければならないと定められている。施設ごとに食品衛生責任者がいること，施設は衛生基準を満たしていることなどが認められると，営業許可が得られる。また，食品営業許可の対象となっていない業種の事業者でも，届出不要対象者を除き，所管の保健所に届け出をする必要がある。

図8　職業とその根拠となる法令

職業	資格の根拠となる法令
調理師	調理師法
栄養士，管理栄養士	栄養士法
一級建築士，二級建築士，木造建築士	建築士法
社会福祉士，介護福祉士	社会福祉士及び介護福祉士法
精神保健福祉士	精神保健福祉士法
保育士	児童福祉法

まとめ
●イノベーションとマーケティングがビジネスの両輪といわれる理由を考えることができた。
●PDCAと「計画→組織化→統合→測定」の違いが理解できた。

33

第4節 商取引に関する法規

ねらい ●商取引を行う際に必要となる契約や法律を理解しよう。
●多様化する決済のしくみや，消費税のあり方を学ぼう。

1. 契約のしくみ

1. 契約とは

契約とは，二人以上の当事者間の合意によって成立する法律行為のことである。当事者はお互いに契約内容をもとに法的な拘束を受け，契約に定めた義務に違反した場合には，損害賠償などを請求できる。

生活に関連する商品・サービスの売買を通して，権利と義務の契約関係が日々発生している。消費者には，商品を受け取り，サービスを利用する権利とともに，事業者に対して代金を支払う義務が生じる。一方，事業者には，消費者から代金を受け取る権利とともに，消費者に対して商品・サービスを提供する義務が生じる❶。

2. 適切な契約

事業者は企画・開発をする側として，その商品・サービスの品質や価格について有利に決めることができる。また，商品・サービスの情報の質や量，交渉力の観点からも，消費者と事業者の間には格差が出てしまう。そのため，事業者は消費者保護の観点から制定された法律を遵守しなければならない 図9。

❶コンビニで菓子を買う，ネット通販などの電子商取引（EC，eコマース）で服を買う，電車やバスに乗る，理容店や美容室で髪を切る，塾に入る。これらはすべて契約である。

❷クーリング・オフ 一定期間内であれば，消費者から一方的に契約を解除することができる。

Column

成年年齢の引き下げと契約

2022年4月より，民法の改正で成年年齢が20歳から18歳に引き下げられた。これからは，18歳以上であれば親権者の同意がなくても，スマートフォンの契約，クレジットカードの作成，アパートの契約などができるようになる。

しかし，若者が悪質業者に狙われる被害が後をたたない。そのような消費者トラブルに巻き込まれないよう，強引な勧誘には十分注意し，きっぱりと断る勇気を持つことが求められる。もし，トラブルに巻き込まれた場合は，消費者ホットライン（188）に電話すると，近くの消費生活相談窓口につながる。

消費者庁 消費者ホットライン188
イメージキャラクター イヤヤン

図9 商取引に関する法律

▶特定商取引法	▶消費者契約法
正式名称は「特定商取引に関する法律」。事業者による違法・悪質な勧誘行為などを防止し，消費者の利益保護を目的とする法律。事業者が守るべきルールと，クーリング・オフ❷などの消費者を守るルールを定めている。	消費者と事業者との間の情報格差や交渉力格差により生じる消費者の被害を救済するために2001年より施行された。不当な勧誘によって誤認・困惑して契約した場合には，契約の取消しができる。また，消費者が一方的に不利になる不当な契約条項の無効等が規定されている。

 **データ** イートイン10％orテイクアウト8％どちらを選ぶ？ 令和元年に消費税率は8％から10％に引き上げられたが，酒類外食を除く食料品と定期購読新聞を対象に軽減税率制度が実施されている。

2. 決済のしくみ

決済とは，商品・サービスに対してお金を支払い，売買取引を完了することである。決済には，主に前払い・即時払い・後払いの三つの方法がある 図10。インターネット上での取引が増加することで，支払い方法も多様化しつつある。

5

図11 QRコード決済

図10 主な決済方法

	前払い	即時払い	後払い
支払いのタイミング	商品・サービスの提供を受ける前	商品・サービスの提供を受けるのと同時	商品・サービスの提供を受けた後
支払い方法	・ICカード型（Suica, nanacoなど） ・モバイル型（楽天Edyなど） ・QRコード型（PayPayなど） ・サーバ型（Amazonギフトなど） ・その他(銀行振込,商品券,クオカード，プリペイドカード)	・代金引換 ・デビットカード　など	・スマートフォンでのキャリア決済 ・クレジットカード　など

3. 消費税のしくみ

消費税は，国内のほぼすべての商品・サービスの商取引が対象となっている。消費税は他の税とは異なり，世代や就労状況に関係なく，広く国民全体で負担するのが特徴であり，現在では安定的な財源となっている。

10

図12 消費税の負担と納付の流れ

国税庁「暮らしの税情報（令和4年度版）」による

2023年時点の消費税率10%のうち，国税分が7.8%，地方消費税分が2.2%となっている。一般的に消費税という場合は，この両者を合わせたものをさす。

地方消費税については，その税負担が最終消費者に求めるものであるから，税収も最終消費地である都道府県に入るべきものとされている。地方消費税は，県や市町村の財源となり，上下水道の整備，医療・福祉の充実，学校教育，環境保護事業などに当てられる。

同時に導入された軽減税率制度は，「酒類・外食を除く飲食料品」および「定期購読契約が締結された週2回以上発行される新聞」を対象に実施されている。軽減税率は8%（国税分6.24%，地方消費税分1.76%）である。たとえば，外食では10%の税率であるが，持ち帰りや宅配は8%と決められている。

> まとめ
> ●商取引を行う際に必要となる契約や法律を理解できた。
> ●さまざまな決済のしくみや，消費税のしくみを理解できた。

TOPIC

商品開発にSDGsの視点を取り入れてみよう

ラベルレスでプラスチックを減らす取り組み 〜ペットボトル製品の容器包装〜

　社会の変化とともに私たちの周りでも，プラスチックを減らす取り組みが行われている。一つの例として，各飲料メーカーでは，ラベルレスボトルの導入に力を入れている。ラベルレスボトルとは，ラベルをつけずに販売するペットボトル飲料をさす。

　ラベルレスボトル導入のきっかけは，資源有効利用促進法の一部改正（2020年4月）によるものである。通常のペットボトル製品は，ラベルに原材料名などの表示をすることが義務づけられている。一方，ラベルレスボトル製品は法定表示を外装ダンボールやケースに記載することにより，ラベルをつけずに販売できる。売れる商品を考えるだけではなく，持続可能な消費のための視点を取り入れることが求められている。

CO_2 削減量　約 189 t

ラベル削減量　約 43 t

ラベルレスボトルの導入により，ラベル削減量は約 43 t，CO_2 削減量は約 189 t となっている。
消費者からも「分別時にラベルをはがす手間が省けて便利」と好評。

実践！SDGsの視点を取り入れて商品開発をしてみよう

① 自分の好きな商品・定期的に購入する商品は何だろう。

商品名

メーカー　・　特徴

② ①の商品にSDGsの視点を取り入れるとするなら，どのようなことだろうか。具体的に書いてみよう。

第**②**章 章末問題

◇確認問題◇

1 マーケティングとは，交換過程を通して，（ ① ）と（ ② ）を満たすことを意図する人間の活動である。

2 情報には，1次データと2次データがある。情報を集めようとする者自身が調査対象や方法などを決め，自ら調査を行ったり，委託したりする情報を（ ③ ）という。

3 情報には，1次データと2次データがある。だれかが収集した情報（他者がすでに類似の内容の調査を収集・公表している情報）を（ ④ ）という。

4 市場を取り巻く環境は常に変化することから，消費者の（ ⑤ ）や流行も変動する。（ ⑥ ）調査を実施し，商品・サービスに対する評価を把握することが重要である。

5 市場調査手順は，①調査（ ⑦ ）の明確化→②調査（ ⑧ ）の策定→③調査の実施→④調査（ ⑨ ）の分析の流れで調査を行う。

6 商品・サービスの販売・提供の際，在庫数の把握・調整によって欠品を防いだり，余剰在庫を処分して新商品を置くスペースを確保したりする管理方法を（ ⑩ ）という。

7 ビジネスを円滑に進めるには，QCDを最適化させ，受注および経営を計画に基づいて実行する必要がある。その管理方法を（ ⑪ ）という。

8 スーパーマーケットやコンビニエンスストアなどでは，（ ⑫ ）を導入し，常に売れ行き動向を把握している。

9 多くの企業では，自社の商品・サービスを通じて，社会や人々の暮らしを豊かにしようとする内容の（ ⑬ ）を掲げている。

10 （ ⑭ ）とは，二人以上の当事者間の合意によって成立する法律行為のことである。

11 決済の方法には，前払い・（ ⑮ ）払い・後払いの三つがある。

① _____

② _____

③ _____

④ _____

⑤ _____

⑥ _____

⑦ _____

⑧ _____

⑨ _____

⑩ _____

⑪ _____

⑫ _____

⑬ _____

⑭ _____

⑮ _____

> **考えよう**
>
> 　家庭科の専門学科で学習するあなたは，文化祭で学科に関連する商品を開発することになった。商品提供時には，消費者に対して，どのような情報を開示（オープンに）することが適切か，考えてみよう。
> (1)「パウンドケーキ」を販売する場合に開示するとよい情報例を二つ記入しよう。
> (2)「ティッシュケースカバー」を販売する場合に開示するとよい情報例を二つ記入しよう。

職業調べをしてみよう

生活産業にかかわる職業を調べてみよう

　食物・衣服・住居・保育・福祉など，生活産業にかかわる職業は複数ある。家庭にかかわる専門学科で学習するみなさんが見通しを持って職業選択できるよう，興味のある職業を調べてみよう。

ポイント1 仕事内容・役割

職業の仕事内容・役割を確認しよう。
どのような仕事内容なのかを確認しよう。

ポイント2 活躍場所

どのような場所で働いているかを確認しよう。

ポイント3 必要な免許・資格

免許や資格が必ず必要な仕事か，仕事に役立つ免許や資格かを確認しよう。

ポイント4 初任給・平均給与

就職当初の初任給や職業全体の平均月収・年収を確認しよう。

職業調べ　管理栄養士について（見本）

1 仕事内容・役割

　厚生労働省の「栄養士法」にもとづいた国家資格。病気をわずらっている方や高齢で食事がとりづらくなっている方，健康な方一人ひとりに合わせて専門的な知識と技術を持って栄養指導や給食・栄養管理を行う。一方栄養士は，給食施設での給食管理，一般的な健康人を対象とした栄養指導が主な仕事分野となる。

2 活躍場所

　医療施設，老人福祉施設，介護保健施設，児童福祉施設，小・中学校，行政機関，企業，管理栄養士・栄養士養成施設，試験研究機関など

3 必要な免許・資格

　栄養士免許を取得していることが前提で，国家試験を受験し，合格する必要がある。
1　栄養士養成施設（修業年限2年）を卒業し栄養士免許取得後，3年以上栄養指導に従事した者。
2　栄養士養成施設（修業年限3年）を卒業し栄養士免許取得後，2年以上栄養指導に従事した者。
3　栄養士養成施設（修業年限4年）を卒業し栄養士免許取得後，1年以上栄養指導に従事した者。
4　管理栄養士養成施設（修業年限4年）を卒業した者。

4 初任給・平均給与

　初任給：約20万円　　平均月収：約27万円

国税庁の令和2年度「民間給与実態統計調査結果」にもとづく。

衣生活

- テキスタイルデザイナー
- ファッションデザイナー
- パタンナー
- マーチャンダイザー
- 販売員
- ファッションモデル
- スタイリスト
- ファッションバイヤー
- ファッションライター
- デコレーター
- プレス
- 美容師
- 理容師
- ネイリスト
- 化粧品メーカー社員
- パフューマー
- カラーリスト　など

食生活

- 管理栄養士
- 栄養士
- 調理師
- 製菓衛生師
- フードコーディネーター
- パティシエ
- ソムリエ
- 寿司職人
- 和菓子職人
- パン職人
- 料理研究家
- 食品メーカー社員
- 野菜ソムリエ
- 杜氏　など

生活産業と関連職業

住生活

- インテリアデザイナー
- 左官
- 建築士
- 測量士
- 塗装工
- 大工
- 不動産会社社員
- 空間デザイナー
- 発破技士
- 家具職人
- CADオペレーター　など

ヒューマンサービス

- 保育士
- 幼稚園教諭
- 児童福祉司
- 小・中・高・特別支援学校教諭
- スクールカウンセラー
- ベビーシッター
- ホームヘルパー
- 社会福祉士
- 介護福祉士
- 精神保健福祉士
- 理学療法士
- 作業療法士
- 看護師
- 保健師
- 介護支援専門員
  （ケアマネージャー）　など

第3章 食生活関連分野

食にかかわる疑問

食品ロスを減らすには，どうすればよいのだろう？

安全・安心な食品はどのようにつくられ，食卓に並ぶの？

食の課題を解決するにはどうすればよいのだろう？

第1節 食品製造業

ねらい
- 食品製造業の役割を理解しよう。
- 食の安全・安心・安定の実現のために，食品製造業で行なわれている取り組みを学ぼう。

1. フードシステムから食生活を考える

　生産から消費までの食料供給の一連の流れを，**フードシステム**という 図1。フードシステムの川上に位置する農水産業で生産したものは，川中である食品製造業で加工され，食品流通業や川下の外食産業を通って，みずうみ❶である私たちの胃袋に入る。現代の食生活は，複雑なフードシステムによって成り立っており，自給自足の時代とは大きく異なる。

　この章では，フードシステムを構成する食品製造業，外食産業，中食産業，食品流通業が，現代の食生活に果たす役割とその実態を中心にみていく。

❶胃袋の一定容量を意味しているため，最終消費者をみずうみと呼ぶ。

5

10

レトルト食品 レトルトはオランダ語で「加圧加熱殺菌をする釜」という意味。食品衛生法で定められた「中心温度120℃4分相当以上」の加熱処理を行っている食品をさす。

図1 フードシステム

川上
農水産業

川中
・食品卸売業
・食品製造業

川下
・食品小売業
・外食産業

みずうみ
・最終消費者
・食生活

2. 食品製造業とは

　私たちは，スーパーマーケット，量販店，コンビニエンスストア，百貨店などの小売店において，さまざまな食品を購入することができる。そのような食品を生産しているのが，**食品メーカー**と呼ばれる**食品製造業**である。フードシステムの川中に位置する食品製造業は，安全・安心・健康に配慮しながら，消費者のニーズに応じたさまざまな製品を開発・販売している。

　食品製造業が現代の食生活に大きな影響を及ぼしたのは，特に戦後の高度経済成長期である。東京オリンピックが開催された1964年前後には，ライフスタイルの多様化などを背景に消費者が手軽に食べられるものを好んだことで加工食品**図3**が続々と開発された。工場設備の自動化や食品加工技術の急速な発達などが，新食品の開発を可能にした。これらは，食品製造業による**イノベーション❷**と**マーケティング❸**がもたらしたものである。食品製造業は，食品ビジネスを前に進めていくための「車の両輪」ともいえるイノベーションとマーケティングを日々動かし続けている。

❷イノベーション　→p.32①

❸マーケティング　→p.24①

図2 食品製造業の規模

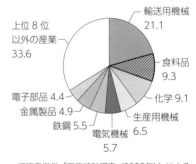

上位8位
以外の産業
33.6

輸送用機械
21.1

食料品
9.3

化学 9.1

生産用機械
6.5

電気機械
5.7

鉄鋼 5.5

金属製品 4.9

電子部品 4.4

経済産業省「工業統計調査（2020年）」による

　食品製造業の出荷額は全製造業の出荷額のうち1割程度を占める。生活に密接に関係する食品製造業の果たす役割は大きい。

図3 加工食品

41

3. 食品製造業の動向

1. 食の安全・安心の取り組み

食の安全・安心への取り組みとして，HACCP（危害分析重要管理点）やISO22000（食品安全マネジメントシステム）など，国際規格の導入が進められている。2021年6月からは，原則としてすべての食品事業者❶で，HACCPにそった衛生管理が義務化されることになった。

2. 食品の安定供給に向けての取り組み

食品製造業が他の製造業と大きく異なる点は，消費期限❷や賞味期限❸があるように，原料や製品の鮮度保持が必要なことである。加えて，原料である食品は国内外から仕入れており，季節・地域・天候などによる豊凶の影響を受けることもある。そのため，食品製造業は食品の安定的な供給をめざして，農水産業や原料調達を担う商社とのサプライチェーン❹を構築している 図4 。

5

10

15

❶食品の製造・加工・調理・販売などを行う企業のこと。

❷消費期限　定められた方法で保存した場合に，腐敗したり品質が劣化することなく，安全性が認められる期限のこと。期限を過ぎたら食べないほうがよい。

❸賞味期限　定められた方法で保存した場合に，期待されるすべての品質の保持が十分可能であると認められる期限のこと。おいしく食べることができる期限であるため，期限を過ぎてもすぐに食べられないということではない。

❹サプライチェーン　製品の原料調達・生産・加工・在庫管理・配送・販売・消費までの一連の流れのこと。食品のサプライチェーンは，フードチェーンともいう。

図4 サプライチェーン

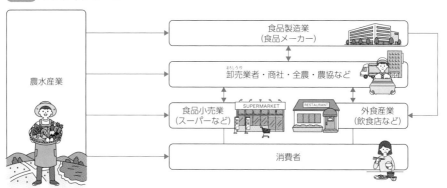

原料調達の現状と課題

日本の食料自給率は，熱量ベースで38％となり（2022年），現状では多くの食料を海外からの輸入に依存している。しかし，感染症の流行や紛争・戦争が起こると，サプライチェーンが寸断され，食料の供給が不安定になる恐れがある。特に，海外では穀物価格が上昇している。これは，飼料穀物の不作・バイオ燃料の需要拡大などが原因である。国際的な穀物価格の上昇を受けて，日本では米や米粉に注目が集まったのも記憶に新しい。私たちの食卓は，国際的に抱えるリスクと無関係ではないのである。

近年，原料調達の安定化をはかるため，地産地消や農家との契約栽培，農業への参入などによって自社で原料を生産する食品製造業もある。

 ハラル（ハラール）認証　その製品が，製造環境・品質・プロセスを含むすべてがイスラム法にのっとり基準をクリアしているという意味がある。

3. 社会課題の解決をはかる食品

　食品製造業においても，SDGsの達成に向けてさまざまな事業が行われている。食品製造業は，消費者，原料生産者，取引先企業だけでなく，資本家（株主），債権者（銀行），労働者，地域住民，政府，地球環境などの**ステークホルダー❺**と日々関係し合っている。SDGsの達成をめざす社会では，これらのステークホルダーに配慮したビジネスが求められる。

　そこで重要になるのが，ビジネスを通じて社会的価値と経済的価値とを両立させる**CSV❻**という考え方である。自社の製品やサービスの提供を通じて社会課題を解決し，収益も得ていくという発想である。売上の一部をどこかへ寄付するような社会貢献ではなく，本業である製品・サービスを通じて社会課題を解決していくことが重要となる（図5）。

4. 次世代型の食料生産と食のバリアフリー

　近年，最先端技術を応用した新たな食の製品・サービス開発を，フード（食）とテクノロジー（技術）をかけ合わせた造語で**フードテック**と呼んでいる。特に牛肉の消費量がさかんな欧米や，菜食主義のベジタリアンが一定数いるアジアでは，植物性タンパク質・昆虫・培養技術などを用いて代替肉を生産する動きが加速している（図6）。

　その他にも，ビーガン，ハラール，オーガニック，さらには一人ひとりの健康状態に合わせた食の提供も求められている。これらは，従来の健康志向の枠をこえた新たな食生活ニーズであり，食品産業はあらゆる**食のバリアフリー❼**にこたえていくことが求められる。

❺**ステークホルダー**　利害関係者のこと。

❻**CSV**　Creating Shared Valueの略。経営学者M.E.ポーターが提起した新しい経営理論であり，「共有価値の創造」と訳される。社会課題の解決と事業とを両立させる経営の考え方である。

❼**食のバリアフリー**　宗教や文化による思想，アレルギーや健康上の理由など，さまざまな背景を持つすべての人が障壁を感じずに食を楽しめるようにする取り組みのこと。

図5 社会課題の解決につながる商品

（左）日本初のノンアルコールビール
（右）フェアトレードコーヒー
ノンアルコールビールは，飲酒運転という社会課題の解決に役立つとともに，若者のお酒離れに悩むビールメーカーの収益と企業価値の向上につながった。フェアトレードコーヒーは，開発途上国のコーヒー生産者が労働に見合った正当な収入を得ることで生活が向上し，奨学金などで家族が教育を受ける機会をもたらしている。

図6 代替肉の例

大豆ミートを用いた商品　　　　牛肉由来の筋細胞を用いた培養ステーキ肉（→巻末）

図7 昆虫食

まとめ
●食品製造業の役割が理解できた。
●食の安全・安心・安定の実現のために行われている取り組みを知ることができた。

x

第 2 節 外食産業

ねらい
●外食産業の役割を理解しよう。
●環境や変化に対応してきた外食産業のサービスの展開を学ぼう。

1. 外食産業とは

外食とは，家庭外の飲食店で食事をとることをいう。外食 5
にはレストランなどの飲食店や喫茶店，居酒屋などをはじめ，
学校・事業所・病院などの給食，宿泊施設，国内線機内食な
どが含まれる。

2. 外食産業の動向

1. 外食産業の誕生 10

高度経済成長を経て，日本初のファミリーレストランが開
店し，ハンバーガーやフライドチキンなど大手外食チェーン
が米国から日本へ次々と上陸した 図8 。1970年に外食産業
が日本で展開し始めたことから，外食産業ではこの年を**外食
元年**と呼んでいる。日本で外食産業という言葉が生まれたの 15
もこの頃である。就業者の増加や夫婦共働きの増加などが外
食需要を大きく拡大させ，外食産業の市場規模は急速に拡大
した 図10 。

1980年代に入ると，激辛，エスニック，フレンチ，食べ
歩きなどが流行し，外食の内容が多様化した。コーヒー，宅 20
配ピザ，居酒屋，弁当などのチェーン店も拡大した。

図8 **外食チェーンの上陸**

東京・銀座に1971年7月開店した日本マクドナルドの1号店

図9 **グルメ漫画**

1980年代に登場したグルメ漫画が人気となり，外食の定着やグルメブームの活性化に大きな影響を与えた。

写真提供：雁屋哲・花咲アキラ／小学館

図10 **外食産業の市場規模の推移**

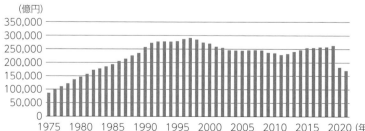

注）昭和50〜53年の飲食店および喫茶店の市場規模には百貨店等直営の飲食店・喫茶店の売上が
　　含まれていない。昭和54年以降は百貨店など直営の飲食店および喫茶店の売上が含まれている。

日本フードサービス協会「外食産業市場規模の推移（令和２年）」による

 **外食テロ**　客による迷惑行為の動画がSNSで拡散した問題。2023年には逮捕者も出た。企業はAIカ
メラシステムなどを導入し，安全・安心を最優先にする取り組みを進めている。

2. 1990年代の外食産業

　1990年代にはバブル経済の崩壊が大きく影響し，低価格帯の店が増加した。従来の外食チェーンだけではなく，低価格帯のファミリーレストランや回転寿司チェーンなどが消費者のニーズにこたえていった 図11 。1998年に外食産業の市場規模はピークを迎えたが，少子高齢化による就業者の減少や，中食の需要増大により，外食市場は減少傾向になった。

3. 近年の外食産業

　2000年以降，外食産業の市場規模は減少し続けていたが，一人当たりの外食支出の増加や，訪日外国人の増加，消費増税などが要因となり，2019年までに市場規模は回復傾向にあった。しかし，2020年に発生した新型コロナウイルス感染症の拡大により，緊急事態宣言の発出，外出自粛要請，営業時間の短縮要請などが行われ，外食の市場規模は前年より大幅に縮小した❶。これは2000年代では過去最大の下落となる。

　ただしこの間，多くの飲食店ではマスク会食や黙食などの感染症対策をしながら営業してきた。さらに，テイクアウトやデリバリー 図12 に対応したり，店舗を閉鎖してキッチンカーや自動販売機での販売 図13 に切り替えたりするなど，でき得る限りの努力をしてきた。

　今後の外食産業では，多様なサービスを柔軟に組み合わせていく工夫がますます求められる。今後必要となるのは，たしかな調理技術と環境変化に柔軟に対応できる創造的な経営能力である。

❶新型コロナウイルスの感染拡大以降，全国の閉店した飲食店は4万5千店舗に上った。（日本経済新聞とNTTタウンページの共同調査（2021年）による）

図11　回転寿司

図12　デリバリー

図13　外食産業のサービス

（左）キッチンカー
（右）郷土料理の自動販売機
　　　（新潟市）

まとめ
●外食産業の役割が理解できた。
●環境や変化に対応してきた外食産業のサービスの展開について知ることができた。

45

第3節 中食産業

✍️ ねらい▶
●中食産業の役割を理解しよう。
●中食市場が拡大した背景や，消費者のニーズに対応する中食産業のしくみを学ぼう。

❶**食の外部化**　家庭内での調理や食事を，家庭の外に依存すること。
❷**加工食品メーカー**：加工食品（菓子，レトルト食品，冷凍食品，缶詰など）を製造する企業のこと。
中食メーカー：総菜や弁当などを製造する企業のこと。
中食ベンダー：メーカーが製造した中食食品をコンビニエンスストアなどへ販売する。メーカーは製造元，ベンダーは販売元という意味を持つ。

1. 中食産業とは

　近年，単身世帯や夫婦共働き世帯の増加，高齢化，ライフスタイルの多様化が進んだことで，手軽に食べられるものへの需要が高まっている。それにこたえるように，コンビニエンスストアやスーパーマーケット，百貨店などでは，弁当や総菜が販売されている図14。このような調理済み食品を自宅で食べることを**中食**という。これに対して，手づくりの家庭料理を自宅で食べることを**内食**，飲食店で料理を食べることを**外食**という。中食は，内食と外食の中間に位置づけられる。

2. 中食産業の動向

1. 中食産業の市場規模

　外食元年といわれる1970年以降，日本では**食の外部化**❶が進んできた図15。外食だけではなく，中食もしだいに食の外部化に対応するようになった。中食は2000年以降大きく成長し，食の外部化をさらに進めることとなった図16。

図14　スーパーマーケットで販売される総菜

図16　内食，中食，外食の市場伸び率の推移（10年比）

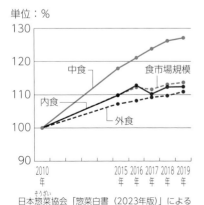

単位：%

日本惣菜協会「惣菜白書（2023年版）」による

図15　食の外部化率の推移

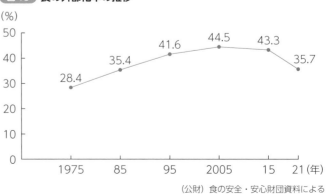

(%)

（公財）食の安全・安心財団資料による

 データ　**量販店**　特定の商品を大量に仕入れ，大量に安く販売することを方針としている小売店。全国に店舗をチェーン展開しているところが多い。

2. 中食産業のサプライチェーン

2000年代以降に急成長した中食産業は，独自のサプライチェーンを構築してきた 図17 。国内・海外の農水産業から ▶p.42 調達した原料は，加工食品メーカー・中食メーカー・中食ベンダー❷で仕入れられる。その後，卸売業者を経由するなどして専門店，コンビニエンスストア，スーパーで商品が販売され，私たち消費者は商品を購入することができる 図18 。

近年では単身世帯や高齢者世帯が家事負担の軽減を目的に，中食を求める傾向にある。このようなニーズの多様化によって，中食産業のサプライチェーンは発展してきた。こうした傾向は今後も継続し，中食の需要は引き続き拡大していくと予測されている。

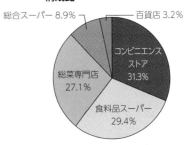

図18 **総菜市場における業態別市場構成比**

総合スーパー 8.9%　百貨店 3.2%
コンビニエンスストア 31.3%
総菜専門店 27.1%
食料品スーパー 29.4%

日本惣菜協会「惣菜白書（2023年版）」による

図17 **中食産業のサプライチェーン**

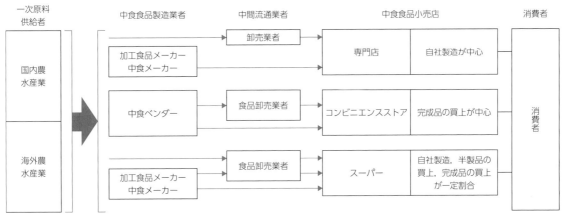

木立真直「中食サプライチェーンと食料問題」，日本惣菜協会編著「中食2030」より作成

Column

中食産業におけるロボットの導入

人手不足対応や生産性向上，非接触化などを実現すべく，多くの産業分野でロボットの導入が期待されている。中食産業の総菜・弁当を製造する工場においては，盛りつけ工程で最も多くの人手が必要とされており，この工程の自動化に向けて，ロボットの導入が進められている（→巻末）。

 まとめ
●中食産業の役割が理解できた。
●中食市場が拡大した背景や，消費者のニーズに対応する中食産業のしくみについて学んだ。

第4節 食品流通業

✍️ **ねらい** ●食品流通業の役割を理解しよう。
●食品によって流通経路がどのように変わるか考えよう。

1. 食品流通業

1. 食品流通業とは

　生産段階から最終消費段階までの製品・サービスの一連の流れは，流通によってつながれており，フードシステムにおいて，流通は重要な役割をしている。食品流通業では，その食品の鮮度や保存性など，さまざまな商品特性に応じた取り組みが行われている。

2. 生鮮食品・加工食品の流通

　一般的に食品は，**生鮮食品**と**加工食品**に分類される。その日のうちに取引することが求められる生鮮食品，特に青果・鮮魚・精肉の**生鮮三品**は，一般的に卸売市場で取引される図19。一方，加工食品は，食品製造業と小売店をつなぐ中間流通業である**卸売業者**（問屋）が介在するのが特徴であり，食品の種類によって経路も変わる図20。グローバル化が進む近年では，海外と取引を行う商社が重要な役割を担う。

❶POSシステム →p.27

❷EC　電子商取引のこと。eコマースともいう。

❸DtoC　Direct to Consumerの略。D2Cともいう。企業がつくった製品をスーパーやコンビニなどで売ることをBtoC（B2C・Business to Consumer）という。一方，業務用向け製品を企業間で取引することをBtoB（B2B・Business to Business）という。

図19 青果物の流通経路

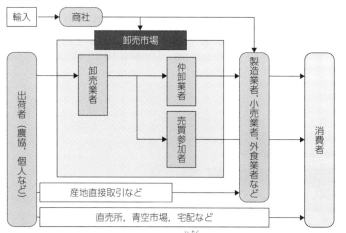

青果物の場合，出荷者は卸売業者に販売を委託し，卸売市場でセリ（競り売り）や入札（オークション）にかける。卸売業者と仲卸業者・売買参加者で取引が行われた後，食品製造業者・小売業者・外食業者などに販売される。出荷者が農産物直売所に直接持ち込んだり，直接販売したりすることもある。

図20 加工食品の流通経路

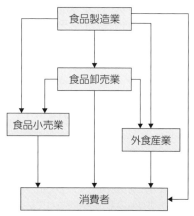

農林水産省「加工食品流通動態調査」より作成

➕**データ**　**モノが売れる4つのP**　①Product（商品の品質・機能・デザインなど）②Price（価格設定）③Place（流通・販売チャネル）④Promotion（販売促進・価値の伝え方）

2. 食品流通業の動向

1. POSシステムとビッグデータ

レジでバーコードをかざすと，購入商品のデータが瞬時に
サーバーへ送信・集積されるシステムをPOSシステム❶とい
5 う。データには商品名・価格・購入店舗・購入日時が含まれ
る。ポイントカード 図21 を提示することで，顧客の年齢や
性別なども情報として取得することができる。集積した膨大
なデータのことをビッグデータという。例えばコンビニエン
ススストアでは，集積したビッグデータの解析結果を新たな商
10 品の開発やマーケティングに活用している。

2. DtoCの食品ビジネス

インターネット上でのEC❷が普及するなか，自社で企画・
製造する製品を，卸売業者や小売店などを通さず，消費者に
直接販売するDtoC❸が注目を集めている。ECサイトを活用
15 したDtoCのビジネスを展開することで，市場を国内外に広
げることが可能になる。人口減少に悩む過疎地域でも，EC
サイトの活用によって新規顧客を獲得する例もある。

図21 ポイントカード

TRY

百貨店やスーパーマーケットの食品
売り場，コンビニエンスストアなど
で，どのような輸入食品が扱われて
いるか調べてみよう。

Column

食品ロス解消に向けての取り組み

食品のサプライチェーンにおいては，賞味期間の
3分の1以内で小売店に納品する3分の1ルールが
ある。賞味期間の3分の1以内に納品できなかっ
た食品は，まだ残りの日数が多いのに廃棄されて
きた。海外を見ると，アメリカは2分の1ルール，

欧州は3分の2ルールが一般的である。こうした
動きを受けて，納品期限を緩和したり，賞味期限
の表示を「年月日」から「年月」へ変更したり，
てまえどり注)を勧めるなど，食品ロス解消に向け
てさまざまな取り組みが広がっている。
注）小売店の商品棚において消費期限・賞味期限
が近い手前からとること。

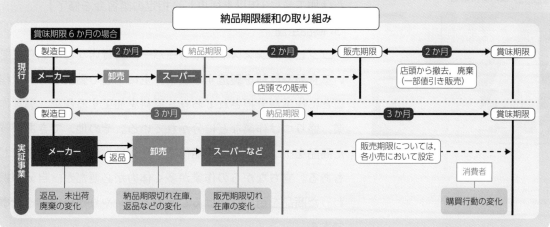

まとめ
- 食品流通業の役割が理解できた。
- 食品によって流通経路がどのように変わるのか，考えることができた。

第5節 食品製造にかかわる職業と資格

🖋ねらい ●食品製造業にかかわる職業と資格を理解しよう。

1. 製造部門

1. 製パン技術者

　まちの製パン店やホテルなどでパンをつくる職人のことをいう。技能検定であるパン製造技能士を有することが望ましい。開業する場合には，**食品衛生責任者**などの資格が必要となる。製パンの専門学校では，パン職人になるために必要な専門的な知識・技能を体系的に身につけることができる。

2. 食品衛生管理者

　製造または加工の過程で，特に衛生上の考慮を必要とする食品・添加物を取り扱う営業者は，施設ごとに**食品衛生管理者**を置かなければならない❶。指定されているのは，全粉乳・加糖粉乳・調製粉乳・食肉製品・魚肉ハム・魚肉ソーセージ・放射線照射食品・食用油脂・マーガリン・ショートニング・添加物の製造・加工を行う施設である。

　食品衛生法にもとづく国家資格が必要で，資格を取得できるのは以下いずれかの者である。「医師，歯科医師，薬剤師，獣医師」「大学または専門学校で医学，薬学，獣医学，畜産学，水産学，農芸化学の課程を修了」「所定の養成施設を修了」「高等学校を卒業し，食品衛生管理者を置いている製造業または加工業に3年以上従事し，指定の講習会を修了」

3. 商品生産

　コンビニエンスストアやスーパー，百貨店などで売られている食品や飲料を製造する職業。主に工場で勤務する。工程ごとに作業が分担されており，原料を加工する作業，調理作業，盛りつけ作業などに分かれている。その他，できあがった商品をチェックする検品作業や仕分け作業，包装作業などもある。立ちながらの作業が多く体力が必要だが，自分が携わった商品を街で見かけることもあり，やりがいのある仕事である。

関連する職業・資格

食品衛生責任者

食品を調理・製造・加工・販売する施設に配置が義務づけられており，食品衛生上の管理運営を行う職業。1人が複数の施設を兼任することはできない。資格取得には，自治体が開催する講習会を受講し，申請する必要がある。食品衛生管理者は食品衛生責任者の役割を果たすことができるが，その逆はできない。

関連する職業・資格

商品開発

新商品の企画・開発や，既存商品の改良を行う職業。自社商品を用いたレシピ開発を行うこともある。主に食品メーカーや飲食店で開発担当者として勤務する。特に必要な資格はないが，農学，生化学，栄養学などを大学で学んでおくことが望ましい。

❶食品衛生法第48条の規定にもとづく。

図22 製パン技術者

  公衆衛生　組織的な地域社会の努力を通じて疾病を予防し，寿命を延伸し，身体的および精神的健康と能率の増進をはかる科学であり，技術である。

4. 料理研究家

料理の専門的な知識・技術が必要だが，料理の研究を志す人であれば，だれでもなることができる職業である。特に必要な資格はないが，調理師や栄養士，フードコーディネーターなどの資格があると，活躍の場が広がる。料理教室やメディア出演を通して料理指導を行う。近年では，食品製造業，食品商社，外食産業，コンビニなどから依頼を受け，商品開発のアドバイスや監修をすることもある。

図23 料理教室

2. 販売部門

1. 営業

営業は自社の提供する製品やサービスを，取引先である会社や個人に提案し，販売する仕事である。必須の資格はないが，日商簿記検定や経営学検定，マーケティング検定などで提供される知識があると，組織運営やマーケティングについての考え方を身につけることができる。

ビジネスに関する専門的な理論を，大学の商学部や経営学部などで学び，営業経験を積みながら経営大学院（ビジネススクール）に通う社会人も増えている。

2. 広報

広報は，自社と社会とのコミュニケーションをはかる役割を担っている。メディアとの関係を構築したり，広報資料を作成して**プレスリリース**❷を行ったり，展示会などのイベントを企画したり，ホームページやSNSを活用したりすることで，自社の**コーポレートブランド**❸を高めていく。必須の資格はないが，社会学，新聞学，メディア論などを大学で学んでおくことが望ましい。

❷**プレスリリース** 企業や団体組織が，テレビや新聞，webなどさまざまなメディアに対して情報を発表すること。

❸**コーポレートブランド** 企業ブランドともいう。企業名や提供している商品・サービスを含めた企業そのもののイメージのこと。

TRY

①スーパーマーケットを訪ね，食品製造にかかわる企業で製造されている商品には何があるか調べてみよう。
②気になった商品を1つ選び，その商品を製造している企業のホームページやSNSを見てみよう。どのような情報が掲載されているだろうか。

まとめ ●食品製造業にかかわる職業と資格について理解できた。

第6節 外食産業にかかわる職業と資格

ねらい ●外食産業にかかわる職業と資格を理解しよう。

1. 外食産業

1. 調理師

調理師は，厚生労働省の「調理師法」にもとづいた国家資格である。養成施設において1年以上，調理や栄養，衛生について学び卒業することによって資格が取得できる。または，中学校卒業以上の者で，調理師法施行規則に定める施設で2年以上調理業務に従事した者に受験資格が与えられる。試験は公衆衛生学，食品学，栄養学，食品衛生学，調理理論，食文化概論から出題される。

2. 料理長

飲食店の調理部門の責任者のこと。メニューの考案から食材の仕入れ，味つけや盛りつけの最終確認まで，料理の全工程を管理する。料理長になるには，調理師の資格を取得していることが必要となる。高い技能を獲得するための豊富な経験が求められるとともに，チームをまとめていく能力も必要となる。

3. パティシエ

洋菓子店やホテル，レストランなどで洋菓子をつくる職人のこと。基本的な技能を身につけている証として，製菓衛生師や菓子製造技能士を取得している人が多い。高校卒業後にパティシエのもとで修業を積むこともあるが，製菓専門学校で基本的な知識・技能を学んだ後に就職する人が増えている。その後，フランスなどの海外で洋菓子の修業を積むこともある。

関連する職業・資格

フードコーディネーター

メニューや商品の開発，店舗デザイン，新業態開発，運営手法の開発，食育プログラム作成など，幅広い仕事がある。

日本フードコーディネーター協会が実施している3級から1級までの資格認定試験に合格し，認定登録を行うか，または認定校で所定の科目を履修し，認定登録を申請することで3級資格が付与される。

関連する職業・資格

製菓衛生師

厚生労働省の「製菓衛生師法」にもとづいた国家資格である。製菓衛生師の名称を用いて菓子製造に従事する。

都道府県知事が指定する製菓衛生師養成施設において，1年以上必要な知識・技能を修得しているか，2年以上菓子製造業に従事した人であれば試験を受けることができる。試験問題は各都道府県によって異なるが，衛生法規，公衆衛生学，栄養学，食品学，食品衛生学，製菓理論および実技から出題される。

  調理技術技能評価試験 合格すると，厚生労働大臣より「専門調理師・調理技能士」の称号が与えられ，証書が交付されるほか，調理師学校の教員資格も与えられる。

4. 栄養士

　医療施設，福祉施設，学校，行政機関，企業などで働く。食事や栄養に関するアドバイスをしたり，食堂や給食施設で栄養バランスを考慮した献立を決めたりする。スポーツ選手
5　に向けて，献立を考えることもある。厚生労働省の「栄養士法」にもとづく国家資格であり，2年制から4年制の栄養士養成施設（専門学校，短期大学，大学）で必要単位を取得した後，栄養士免許を申請することで取得できる 図24 。

5. 管理栄養士

10　栄養士は主に健康な人に対して業務を行うが，管理栄養士は病気の人や特別な配慮が必要な人に対しても業務を行う。そのような人に対して，給食管理や栄養管理，栄養指導を行える専門的な知識と技術を有する。「栄養士法」にもとづく国家資格であり，栄養士の免許を持っている人が，管理栄
15　士国家試験を受験することができる。

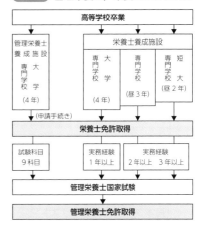

図24 管理栄養士，栄養士になるには

| 高等学校卒業 |
管理栄養士養成施設　専門学校　大学（4年）	栄養士養成施設
	専門学校　大学（4年）	専門学校（昼3年）	専門学校　短大（昼2年）
→（申請手続き）	栄養士免許取得
試験科目9科目	実務経験1年以上	実務経験2年以上　3年以上
管理栄養士国家試験
管理栄養士免許取得

── （株）船井総合研究所　飲食コンサルタント　光永さん ──

仕事内容について教えてください。

　私が所属する会社は，さまざまな業種のコンサルティングをしています。そのなかで，飲食店を中心とする食関連の企業を専門にサポートする部署にいます。そこでは，大きく2つの軸に分けて仕事をしています。1つ目は，既存店（すでに開業しているお店）に対するコンサルティングです。こちらには業務改善や原価削減，人件費削減，WEBマーケティングを通じた店舗集客，メニュー開発，業態リニューアル，採用など，業績を上げるための提案をしています。2つ目は，新規出店のお店に対するコンサルティングです。こちらには出店場所や店名，お店のコンセプト，ロゴ，店内の内装などの提案をしています。依頼を受けたら，まずはヒアリングを行います。その後，現状を分析し，課題を発見します。課題が明らかになったら，その改善案を提案し，実行します。

仕事をする上でのやりがいを教えてください。

　新規出店の場合は，異業種の方から「飲食店を出店したい」といった依頼を受けることもあります。業種が違えば考え方も異なるため，お互いの意見がまとまったときに，やりがいや楽しさ，達成感を感じます。

仕事をする上での大変なことを教えてください。

　Excelやスプレッドシートなどで，関数を使うデータ分析は難しく，挫折を感じたこともあります。続けていれば慣れてくるので，1年目の時より速くできるようになりました。

進路について教えてください。

　高校生の頃から，食にかかわる仕事に就きたいと考えていたので，食について学べる大学に入りました。大学では商品開発について勉強し，それを仕事にしたいと思ったので，商品開発ができるところを目標として就職活動をしました。今の会社は，地方創生と食品を組み合わせた事業を行っており，大学で学んだ内容と合っていると感じました。また，商品開発をするには，現場で数年働いてから商品開発の部署へ異動するという会社が多いため，実際に商品開発に携わるまでに時間がかかります。その点，今の会社では仕事の1つとして商品開発に携われるので，入社を決めました。

これからの目標を教えてください。

　「自分は何で勝負するか」という軸を見つけることが現在の課題であり，私は新規出店のコンサルティングを軸にしたいと考えています。そのため，1人で新規出店のコンサルティングができるようになることが目標です。また，カフェを出店したいと考えている友人がいるので，そのサポートができるような人材になりたいです。

まとめ　●外食産業にかかわる職業と資格について理解できた。

第7節 食品流通にかかわる職業と資格

 ●食品流通業にかかわる職業と資格を理解しよう。

1. 仕入れ部門

1. 通関士

外国との貿易が増加するなかで，通関士の役割は大きくなってきている。食品に限らず，さまざまな物品を輸出入する際には，通関手続の代理代行や税関への申請を行う場合がある。その場合，通関業者は税関へ書類を提出する必要があり，その審査は通関士が行うこととなっている。年に1回試験があり，受験には年齢，学歴などの制限がない。通関業者での活躍が期待されているが，輸出入を行う貿易商社や航空・海運会社などに就職する者も多い。

関連する職業・資格

フードスペシャリスト

日本フードスペシャリスト協会が認定する資格である。大学または短期大学などで必修科目を履修し，資格認定試験に合格することで取得できる。フードスペシャリストは，食に関するスペシャリストとして，食の製造，流通，販売にかかわる。

interview

東京多摩青果株式会社　果実営業　宮﨑さん

仕事内容について教えてください。

全国から運ばれてきた野菜や果物を，市場に来た業者や小売店のバイヤーに販売したり，営業先へ電話をかけて注文を受けたりしています。全国に販売しているため，営業の割合としては電話のほうが多いです。どちらの場合も，販売先の方と価格や量の交渉があります。注文を受けたものをトラックで運んでもらえる場所までフォークリフトで運ぶ作業も，自分たちで行なっています。

1日の流れを教えてください。

市場なので朝は早く，6時半に出社します。6時半～10時までは市場で対面営業をします。その後10時～13時半まで，請求書作成などの事務作業をします。その後休憩をはさみ，16時～18時まで電話営業をするのがよくある流れです。

朝と夕方に営業をしているのはなぜですか？

商品は夜にトラックで運ばれて来るので，その前の夕方に注文を受ければ，そのまま夜のうちに販売先へ運ぶことができます。そうすると，朝に注文を受けるより1日早く販売先へ届けることができます。生鮮食品を扱っているので，スピードがとても大切です。

仕事をするうえでのやりがいを教えてください。

自分が担当している分が売れた時は，とてもやりがいを感じます。また，普段見ないような種類の果物を扱えることは，この仕事のおもしろさだと思います。みかんやりんごなど，馴染みのある果物にも多くの品目があり，味も異なります。2か月ごとに流通する品種が変わる果物もあり，味や皮の厚さなどの変化を，季節を追うごとに楽しめることも魅力です。

仕事をするうえでの大変なことを教えてください。

生鮮食品を扱っているため，売る時間にタイムリミットがあることは大変です。売りきるのに時間がかかると鮮度が落ちたりしてしまいます。また，販売先の方との，価格や量などの交渉が難しいです。先輩方の売り方や話し方を見て，日々勉強しています。

高校卒業後の進路を教えてください。

だれもが身近にある「食品」を通して，人の役に立てる仕事がしたいと考え，食品関連の大学へ進みました。いろいろと学んでいくなかで，食品で人の生活を支える仕事にはなにがあるか考えたところ，市場を思いつきました。市場は食品流通における中枢であり，根本的な部分で生活を支えている，とても責任感のある仕事だと感じたことも，市場を選んだ理由です。

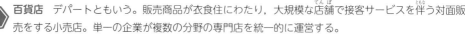
データ　**百貨店**　デパートともいう。販売商品が衣食住にわたり，大規模な店舗で接客サービスを伴う対面販売をする小売店。単一の企業が複数の分野の専門店を統一的に運営する。

2. 販売部門

1. 販売員

スーパーマーケットなどの食品小売店で販売員として働く職業。特に必要な資格はないが，マーケティングの考え方や商品知識，売り場づくり，接客マナーなどの専門知識・技能を身につけているとよい。

2. スーパーマーケット検定（S検）小売業全般

全国スーパーマーケット協会が行う資格認定制度である。業界全体のレベル向上を目的としている。

スーパーマーケットなどの小売業者で働く従業員に求められる基礎知識や業界用語など，階層別・部門別の能力評価基準をもとにした検定試験を実施している。ベーシック1級，マネージャー3級・2級，バイヤー級がある。

3. スーパーマーケット検定（S検）食品表示管理士

全国スーパーマーケット協会が行う資格認定制度である。食品表示を読み解くための知識や，食品表示の企画・活用戦略などを身につける。ベーシック級，初級，中級，上級の試験がある。学生や一般消費者，パート，アルバイト，店長，バイヤー，経営企画マネージャーなど幅広い層を対象者としている。

4. 野菜ソムリエ

日本野菜ソムリエ協会が認定する資格である。野菜や果物の目利きや，栄養・素材に合わせた調理法など，幅広い知識を身につけていることを認定する。通学制・半通学制・通信制いずれかの養成講座を受講後，修了試験に合格することで，資格を取得できる。青果物卸売業者，スーパーマーケットの従業員，農産物直売所のバイヤーで資格を取得する人が増えている。

関連する職業・資格

販売士検定

リテールマーケティング検定ともいう。日本商工会議所が認定している検定。
販売員として必要なマーケティングの考え方や商品知識，売り場づくり，接客マナーなどの専門知識・技能を証明する資格。1～3級がある。

図25 スーパーマーケットの従業員

Column

ネットスーパー

インターネットからスーパーマーケットの商品を注文し，自宅で受け取れるシステムをネットスーパーという。2020年に発生した新型コロナウイルス感染症の影響や，ライフスタイルの多様化，高齢化などを背景に，サービスが拡大している。

まとめ　●食品流通業にかかわる職業と資格について理解できた。

第3章　7 食品流通にかかわる職業と資格

55

第8節 ライフスタイルの変化と食生活

🖊ねらい▶
●ライフスタイルや社会の変化によって，食生活がどのように変化したか理解しよう。
●食の志向は今後どのようになるのか，考えてみよう。

1. 食生活の変化

1. 家族形態の変化と食生活

　大家族が中心であった頃は，家庭内で調理して食べる内食 ▶p.46
が一般的であった。しかし，戦後の学校給食の普及や家族労
働を中心とする家業の減少で，平日に家族が一緒に昼食をと
ることが少なくなった。さらに，学校での勉強や外での仕事
が忙しくなると，家族団らんで食卓を囲む機会はますます減
り，一人で食事をとる孤食が増加した。また，家族と同じ食
卓を囲んでいても家族一人ひとりが別々のものを食べる個食
や，個人個人が同じものばかり食べる固食など，さまざまな
問題が生じている。

　食事は栄養を摂取するだけのものではなく，誰かと会話を
楽しみながら，コミュニケーションをとる機会でもある。近
年，このような食生活のあり方を見直していく機会として，
食育❶の必要性が指摘されるようになった。

　単身世帯や2人世帯の増加は，食品の選択行動にも影響を
及ぼしている。内食の機会が減少すると同時に，飲食店での
外食の機会が増加した。さらに，自宅に総菜・弁当・おにぎ
り・サンドウィッチなどの調理済み食品をテイクアウトする
中食の増加が顕著に見られるようになった。これは食の外部
化ともいわれる。▶p.46

2. 食の洋風化

　近年，食の洋風化が進み，エネルギー源となる食品が変化
している。米の摂取量が減少する一方で，肉類や揚げ物など
の増加により，動物性食品や油脂類からの摂取エネルギーが
増加している 図26。また，エネルギーの栄養素摂取構成を
見ると，炭水化物の割合が減少し脂質の割合が増加している
図27。このような食生活は健康の点でも問題視されており，
栄養バランスのとれた食事を心がけたい。

❶食育　生涯にわたって健全な心身を培
い，豊かな人間性を育むことを目的に，
2005年に食育基本法が成立した。食育
基本法の制定によって，学校・企業・地
域社会などで食育の多様な取り組みが実
践されるようになった。学校では，児童・
生徒の栄養指導・管理を行う栄養教諭の
配置が求められるようになった。

図26 エネルギー摂取比率の推移

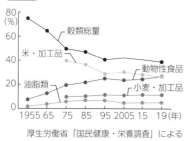

厚生労働省「国民健康・栄養調査」による

図27 エネルギーの栄養素別摂取構成量の推移

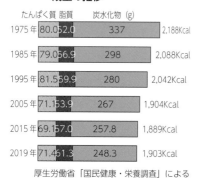

厚生労働省「国民健康・栄養調査」による

✚データ　**100年フード**　日本の多様な食文化の継承・振興への機運を醸成するため，地域で受け継がれ愛され
ている食文化を掘り起こし，100年続く食文化として継承することをめざす。

2. 食の志向

1. 高まる健康志向

食の志向には，安全，健康，手づくり，簡便化，国産，地元産，ダイエット，美食，外食，高級，経済性などが上げられる。現在は健康志向，経済性志向，簡便化志向が3大志向といわれる。

健康志向には，健康の維持・増進などの機能性を持たせた食品の増加が上げられる。機能性を表示する**保健機能食品**には，**特定保健用食品（トクホ）**，**栄養機能食品**，**機能性表示食品**の三つがある 図28 。このほかにも，タンパク質を手軽に摂取できたり，低糖質な食品なども増えている。食品メーカーは，消費者の高まる健康志向に合わせて，多様な製品を開発している。

2. 高まる経済性志向

経済性志向は，特に若者層を中心に広がってきている。1990年代のバブル経済崩壊以降，所得低下と物価低迷により，消費者は低価格商品を買い求めるようになった。

家庭収入の減少は，生徒・学生や若年層の所得にも影響を与え，安価でおいしい食品のニーズが高まっている。今後も安価で付加価値の高い食品のニーズが増えていくと考えられる。

3. 高まる簡便化志向

簡便化志向は，特に簡便・時短のニーズが高まっている。中食や冷凍食品の需要が高まっており，生鮮食品でも，あらかじめカットしたものや冷凍したものが増加している 図29 。さらに，調理時間を短縮できるものとして，カット野菜・肉・魚と調味料をセットにしたミールキット 図30 や，1種類の調味料だけで味つけが完了する商品が開発されるなど，簡単，便利，手軽さが追求されている 図31 。

図28 保健機能食品

消費者庁「『機能性表示食品』って何？」より作成

図29 冷凍カット野菜

図30 ミールキット

図31 1人前からつくれる固形調味料

まとめ　●ライフスタイルや社会の変化による食生活の変化について，理解できた。
●食の志向が今後どのようになるのか，自分なりに考えることができた。

第 9 節 食生活の課題

ねらい
- ●食によるウェルビーイングの実現には何が必要かを考えよう。
- ●持続可能な食生活には何が大切かを考えてみよう。

❶食生活や運動習慣・休養・喫煙・飲酒などの生活習慣によって引き起こされる病気の総称。悪性新生物（がん）・心疾患・脳卒中・糖尿病・高血圧・脂質異常症（高脂血症）・肥満などの病気が上げられる。

❷ウェルビーイング（Well-being）　健康で幸福な状態のこと。

図32 スマートミール

Smart Meal
スマートミール

1. 食と健康

　私たちが日々，健康的な生活を送るために，食は欠かせないものである。近年，生活習慣病❶が社会問題になっており，「健康を維持するための食」が大きな課題となっている。このような課題に対応するため，健康づくりに役立つ栄養バランスのとれた食事（スマートミール）が，さまざまな店舗でつくられている 図32 。

　「食の課題を食で解決する」ことをめざし，食によるウェルビーイング❷を実現していくことが求められている。

2. 持続可能な食生活

1. 家庭の調理技術を見直す

　食品産業の発展や食の外部化に伴い，家庭で食教育や調理技術を学ぶ機会が減少している。その結果，家庭での**食品ロス**の発生にも影響を与えている 図33 。食べ残しをなくす工夫や，食材を無駄なく利用する知恵が家庭内で失われつつある。

　調理技術が向上すれば，食材の特性をいかした，おいしく健康的な料理がつくれるようになる。それにより，家庭内のコミュニケーションや食教育力を向上させることができる。また，食材を無駄なく使用できるようにもなり，食品ロスの低下にも効果があるだろう。

図33 食品ロスの内訳

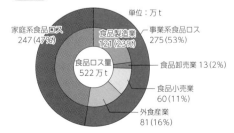

単位：万t

家庭系食品ロス 247（47%）
食品製造業 121（23%）
事業系食品ロス 275（53%）
食品ロス量 522万t
食品卸売業 13（2%）
食品小売業 60（11%）
外食産業 81（16%）

国民1人当たり食品ロス量
1日　約113g
※茶碗1杯のご飯の量（約150g）
年間　約41kg
※年間1人当たりの米の消費量（約53kg）に近い量

農林水産省「日本の食品ロスの状況（令和2年度）」による

58  **フードドライブ**　あまった食べ物を寄付する運動。driveには「〜運動」という意味がある。フードドライブで食べ物を届ける場所が，フードバンクである。

2. 食生活の変化とフードシステムへの影響

　長らく日本人の主食とされてきた米は，1960年代以降，消費量が減少してきた。一方，麺類やパン類などの原料となる小麦や，肉類の消費量が増えている（図34）。米の消費量が
5　このまま減少していくと，米に合うようにつくられた副菜やみそ，しょうゆなどの伝統調味料の消費も減っていき，米を中心とした和食文化が衰退していくだろう。すると，食材の生産者は減り，食品産業も活気が失われてしまう。国内の農業従事者の平均年齢は65歳を超え，高齢化とともに後継者
10　不足が課題となっている。

　このように，食生活の変化はフードシステムのみずうみに位置する食卓だけの問題ではなく，フードシステム全体にも大きく影響している。

3. 新たな食文化の創造

15　近年，米の消費が減っているなかで，米を米粉として利用する，新たな食文化が生まれつつある。

　体質によっては，アレルギー源となる可能性があるグルテンを摂取しない**グルテンフリー**❸の食生活ニーズの高まりを受けて，小麦粉の代用として米粉の消費が増加している。スー
20　パーマーケットでも米粉の麺やパンなどの販売が広がり，企業もそれにこたえるように，米粉の製造工場の新設や新製品の開発を行っている。同時に，米粉向けの米の生産も増えつつある（図35）。

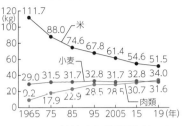

図34 米・小麦・肉類の1人当たりの年間消費量の推移

農林水産省「食料需給表」による

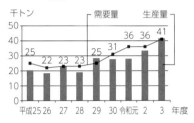

図35 米粉用米の生産量・需要量の推移

農林水産省「米・米粉をめぐる状況について（令和5年）」による

❸**グルテンフリー**　小麦粉に含まれるグリアジンとグルテニンというたんぱく質が，水を吸収して網目状につながったものをグルテンという。グルテンフリーは，グルテンを摂取しない食事や食品のこと。

図36 米粉の活用例

Column
米粉の六次産業化

　米粉用米の生産者の中には，米粉麺を開発・販売する六次産業化（▶p.17）の取り組みも登場してきた。モチモチとした食感が特徴の米粉麺は，小麦を原料とするラーメン，うどん，パスタとも異なる新たな食文化創造のイノベーションを起こそうとしている。

4. 持続可能なフードシステム

❶地産地消　その地でとれたものをその地で消費すること。

　地産地消❶を意識すると，消費者と生産者の間に「顔の見える関係」が築かれる。消費者は，地元の生産者がつくった農水産物を，新鮮なまま安心して購入することができる。一方，生産者も地元消費者のニーズを把握できることで，食材を生産するモチベーションが高まり，品質向上につなげることができる。

　地産地消をすすめることは，流通にかかわる経費や環境負荷を軽減することにもつながる。また，多様な六次産業化を展開することも可能になり，地域のコミュニティ再生にも貢献できる 図37 。　▶p.17

図37　地域コミュニティ再生の例

▶規格外のハネモノ食材[注1]を直売所などで販売

▶郷土食をいかしたメニューや加工食品の開発

きりたんぽが手軽に味わえるカップスープ

▶文化財としての地域食文化[注2]の保存・継承

まめぶ給食の提供（岩手県久慈市）

▶多数の農家が集えるマルシェや，地元住民・友人と楽しめるフードイベントの開催

▶子どもに勉強を教えたり，一緒に料理をつくったりすることができるコミュニティスペース

注1）規格の形や大きさに合わないものや，一部に傷があるものなど，市場には出せない食材のこと。
注2）2013年に「和食：日本人の伝統的な食文化」がユネスコ無形文化遺産に登録されて以降，日本の食文化に対する関心が高まり，2021年には文化財保護法の一部を改正する法律において，文化財に「食文化」が位置づけられることとなった。

 　**エレキソルト**　ごく弱い特殊な電流を流すコンピューターが内蔵されている食器。食品中の塩味と酸味のイオンにはたらきかけて，舌に押し寄せさせ，味を濃く感じる。

このようなしくみが各地で可能になれば，社会的・経済的・地理的なリスクが分散され，食生活の持続可能性はさらに高まる。災害時には，地域外とのサプライチェーンが寸断されても，地域ぐるみでいつでも食事をまかなうことができる。▶p.42

5　これは，食料自給率❷の向上と食料安全保障の観点からも有意義であるといえる。

　持続可能な食生活の実現に向けて，各地に持続可能なフードシステムを構築していくことが求められている。2021年に農林水産省が策定した新たな政策方針「みどりの食料システム戦略」 図38 は，持続可能なフードシステムと食生活の
10　実現をめざそうとするものである。

❷消費される食料のうち，どれだけを国内生産でまかなっているかの指標。完全自給であれば100％であり，100％未満であれば一部を輸入していることになる。

TRY

持続可能なフードシステムの実現に向けて，自分たちにできることを考えてみよう。

図38 **みどりの食料システム戦略**

現状と今後の課題

▶生産者の減少・高齢化，地域コミュニティの衰退
▶SDGsや環境への対応強化
▶新型コロナウイルス感染症を契機としたサプライチェーンの混乱，内食拡大

▶地球温暖化，大規模自然災害
▶国際ルール策定への参画

めざす姿と取り組み方向

2050年までにめざす姿
▶農林水産業のCO₂ゼロエミッション化の実現
▶低リスク農薬への転換，総合的な病害虫管理体系の確立・普及に加え，化学農薬の使用量を50％低減（リスク換算）
▶輸入原料や化石燃料を原料とした化学肥料の使用量を30％低減
▶耕地面積に占める有機農薬の取り組み面積割合を100万haに拡大
▶2030年までに食品製造業の労働生産性を最低3割向上
▶2030年までに食品企業における持続可能性に配慮した輸入原材料調達の実現をめざす
▶エリートツリー（形質が良い精英樹を交配して得られた個体の中から選抜される，成長などがより優れた精英樹）などを林業用苗木の9割以上に拡大
▶ニホンウナギ，クロマグロなどの養殖において人工種苗比率100％を実現

期待される効果

経済
持続的な産業基盤の構築

社会
国民の豊かな食生活
地域の雇用・所得拡大

環境
将来にわたり安心して暮らせる
地球環境の継承

農林水産省「みどりの食料システム戦略」より作成

●食によるウェルビーイングの実現に必要なことを考えることができた。
●持続可能な食生活に大切なことを自分なりに考えることができた。

肉と魚を食べられなくなる日

TOPIC たんぱく質危機が訪れる

たんぱく質危機

①なぜ，肉や魚が足りなくなるのか

世界の人口は増え続けている。現在の人口は78億人だが，2050年には97億人になると予測されている。増大する食料需要に対して，畜産物の生産量は思うように増やせない事情がある。

②なぜ，農地や養殖場を増やせないのか

人口が増えた分，人間が食べる穀物の農地を増やさなければならない。また，畜産物の生産を増やすには，そのエサ（飼料）となる穀物を栽培する農地を増やさなければならない。しかし，地球の陸地は限られており，農地を増やすには限界がある。

魚の養殖を増やす場合を考えてみよう。魚は種類によって成長できる水温などの環境はさまざまであり，養殖に適した場所にも限りがある。そのため，魚の養殖場を増やすにも限界がある。

図1 世界のたんぱく質需要と穀物供給量

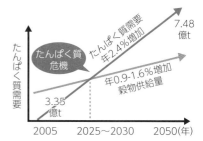

たんぱく質需要

たんぱく質危機

たんぱく質需要 年2.4%増加

7.48億t

年0.9-1.6%増加 穀物供給量

3.35億t

2005　2025〜2030　2050(年)

FAO「Global production statics」，タベルモHPによる

フードテックへの期待

フードテックとは，フード（食）とテクノロジー（技術）をかけ合わせた言葉。たんぱく質危機を解決するものとして期待されている。畜産物以外でたんぱく質を補うために，さまざまな研究や開発がされている。

図2 たんぱく質1kgを生産するのに必要なエサ

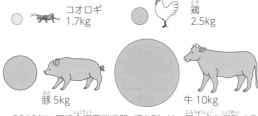

コオロギ 1.7kg
鶏 2.5kg
豚 5kg
牛 10kg

2013年に国連食糧農業機関（FAO）は，昆虫食を奨励する報告書を発表した。コオロギは広い土地がなくても生産できるうえ，牛や豚に比べて，必要なエサの量が少なくてすむ。原形のまま加工しない昆虫に抵抗のある人でも，パウダーを練り込んだせんべいやクッキーに加工されたものなら試しやすい。

図3 大豆のお肉

（左）商品化されている大豆ミート（→巻末）
（右）大豆ミートのキーマカレー

大豆ミートはすでにさまざまな商品が店頭に並んでいる。見た目も味も肉に近く，食べごたえはあるのに胃もたれしないこともメリットとされている。

食のスペシャリストをめざすあなたにできることは

たんぱく質危機を回避するために，今の自分と将来の自分は，どんな行動ができるだろうか。

今の自分	将来の自分

◇確認問題◇

1 生産から消費までの食料供給の一連の流れを，（　①　）という。（　①　）の川上に位置する（　②　）産業で生産したものは，川中である食品（　③　）業で加工され，食品流通業や川下の（　④　）産業を通って，みずうみである私たちの胃袋に入る。

2 2021年6月からは原則としてすべての食品事業者で（　⑤　）（危害分析重要管理点）にそった衛生管理が義務化された。

3 製品の原料調達・生産・加工・在庫管理・配送・販売・消費までの一連の流れを（　⑥　）という。

4 自社の製品やサービスの提供を通じて社会課題を解決し，収益も得ていくというように，ビジネスを通じて社会的価値と経済的価値とを両立させる考え方を（　⑦　）という。

5 弁当や総菜などの調理済み食品を自宅で食べることを（　⑧　）という。

6 青果・鮮魚・精肉の生鮮三品は，一般的に（　⑨　）市場で取引される。

7 コンビニエンスストアでは，POSシステムによって集積した（　⑩　）の解析結果を新たな商品の開発やマーケティングに活用している。

8 機能性を表示する保健機能食品には，（　⑪　）食品（トクホ），栄養機能食品，機能性表示食品の三つがある。

9 （　⑫　）を意識すると，流通にかかわる経費や環境負荷の軽減にもつながる。

①

②

③

④

⑤

⑥

⑦

⑧

⑨

⑩

⑪

⑫

考えよう

1 第2次世界大戦に敗戦した1945年は，大手外食チェーンが米国から日本へ次々と上陸したことから，外食産業ではこの年を外食元年と呼んでいる。○か×か。

2 外食の市場伸び率は，中食のそれを多く上回る。○か×か。

3 ECサイトを駆使したDtoCのビジネスと最も関連のあるものはどれか。
　ア　人口減少に悩む過疎地域でも新規顧客を獲得する例もある。
　イ　中食ベンダーが製造した弁当をコンビニエンスストアで販売する。
　ウ　食の安全・安心への取り組みとして，食品安全マネジメントシステムを導入する。
　エ　栄養バランスのとれた食事の開発によって，食によるウェルビーイングを実現していく。

4 地産地消を意識すると，消費者と生産者の間に「顔の見える関係」が築かれる。それによって，どのような利点・効果があるか，消費者，生産者，それぞれの立場から説明しなさい。

第4章 衣生活関連分野

あなたにとって「ファッション」とは？

洋服！

コーディネート！

私らしいライフスタイルを表すもの！

どこかに出かけるために着るもの！

第1節 アパレル素材産業

🖊 **ねらい** ●ファッションにおける素材の重要性を理解しよう。
●国内のテキスタイル産地の現状と製品などの特徴（とくちょう）を調べてみよう。

1. アパレル素材産業

1. ファッションとアパレル

　ファッションという言葉は日々変化している。もともとは狭い意味で衣服や服飾（ふくしょく）雑貨をさし，広い意味で流行・文化をさす。一方，アパレルとは「衣服」という意味で，和服以外の洋服の衣服をさす。アパレルは衣服そのものをさすのに対して，ファッションは流行やトレンドなど変化の多いものを連想させる使われ方が多い。現在では，ライフスタイルをファッションと定義することも多く，時代を取り巻く人々の環境（かんきょう）の変化によってファッションの捉（とら）え方も変化している。

➕**データ** **織物・染物**　経済産業省が認める「伝統的工芸品」に指定された織物は，西陣織，黄八丈（きはちじょう）など38品目，染色品は加賀友禅（ゆうぜん），京友禅など13品目が指定されている（2023年4月時点）。

図1 ファッション業界の産業構造

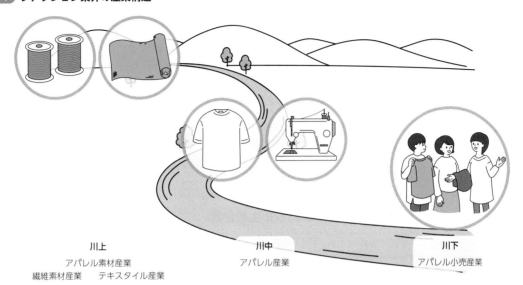

川上
アパレル素材産業
繊維素材産業　テキスタイル産業

川中
アパレル産業

川下
アパレル小売産業

2. アパレル素材産業

ファッション産業では衣服がつくられ，店に並ぶまでの工程を川の流れに例えて「川上」「川中」「川下」と分類されている 図1 。

5　アパレル素材産業は「川上」と呼ばれ，原料（綿・羊毛・石油など）から糸をつくる繊維素材産業とその糸から**テキスタイル**（生地）をつくるテキスタイル産業に分類されている。

デザインに対して最適なテキスタイル選びは，デザイナーのイメージを表現するために最も重要な要素である。

2. アパレル素材産業の動向

日本の糸やテキスタイルは海外のものに比べ，高品質・高機能であることが最大の強みである。日本の技術力は極めて高く，日本でしか生産できないものも存在する 図2 。しかし，テキスタイル産業では，海外の安価な製品が多く流通し，国

15　内メーカーは苦戦を強いられている。日本には，歴史と伝統を持つ産地 Column が各地に存在し，職人の技術力を武器にアパレル業界を支えてきた。そのため高品質な国内のテキスタイルは海外の高級ブランドからのニーズもあり評価は非常に高い。

図2 キュプラ繊維『ベンベルグ』

Column

世界での評価が高い西陣織の職人技術

京都の西陣で生産される西陣織は豪華で立体感があり，日本を代表する絹織物である。さまざまな技術・技法が用いられ，金糸，銀糸など多彩な色糸を用いて織り上げられている。この技術を未来に継承していくためにさまざまな取り組みがある（→巻末）。

TRY

日本の産地の特徴（歴史，製品，その素材を使った商品など）について調べてみよう！

まとめ
● ファッションにおける素材の重要性を理解できた。
● 国内のテキスタイル産地の現状と製品などの特徴について調べることができた。

● 服がだれによってどのようにつくられていくのか，さまざまに変化している服づくりの
流れを理解しよう。

❶**アパレル卸商** アパレルメーカーや2
次卸商とも呼ばれる。製品の企画生産を
行っている企業を1次卸商と言い，2次
卸商は，そこから製品を買い，小売店に
販売する企業のこと。

❷ミシンやアイロンなどをさす。

❸**問屋** 生産者から商品を仕入れ，消費
者以外のものに販売する流通業者。卸売
業者ともいう。

1. アパレル産業とは

アパレル産業は，「川中」と呼ばれ，主にアパレル生産企
業と**アパレル卸商❶**に分けられる。テキスタイルからアパレ
ル製品を生産し，小売店舗に商品を流通させる役割を持つ。

1. アパレル生産企業

アパレル生産企業は生産のための技術や設備が異なること
から，縫製企業とニットウェア生産企業に分類されている。

縫製企業は，一つの企業ですべてつくられるわけではない。
企業にはそれぞれ得意分野があり，持っている縫製機器❷や
職人の技術も多種多様である**図3**。服づくりをするうえで，
つくりたいものに合った工場を選定することも重要である。

2. アパレル卸商

アパレル卸商は小売店への卸販売を主に行い，小売店に
とって，**問屋❸**としての重要な役割を持つ。業界には多様な
ブランドが数多く存在しており，その中から店舗のコンセプ
トにあったブランドを見つけ出し，商品を仕入れている。し
かし，日々増え続けるブランドから最適なブランドを見つけ
出し，仕入れるのは非常に大変である。そこで，アパレル卸
商がブランドを取りまとめることで，小売店は効率的に仕入
れることができ，商品の円滑な流通につながっている。

2. アパレル産業の動向

1. 国内生産の現状

現在，衣服は人件費などを抑えるために中国などのアジア
を中心とした海外生産が主流となっている。中国をはじめと
するアジアの縫製工場の技術力や設備は日々進化をしてい
る。今では，日本国内に流通する海外生産の商品は，日本国
内のアパレル市場において97.7％にまで増加している
図4。

図3 縫製工場

図4 日本国内の輸入浸透率

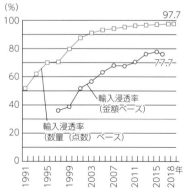

(%)
```
97.7
100
80
77.7
60
40  輸入浸透率
    （金額ベース）
20  輸入浸透率
    （数量（点数）ベース）
0
 1991 1995 1999 2003 2007 2011 2015 2018年
```
経済産業省「繊維産業の現状と経済産業省の取組
(2020年)」による

＋データ **オートクチュール** フランス語でオート＝高い，クチュール＝裁縫仕立てという意味で，特にパリの
「高級衣装店」を示すことが多い。基本的に一点ものとしてビジネスを組み立てている。

一方，国内の縫製工場を盛り上げるためにさまざまなビジネスが生まれている。工場の閑散期を活用し，生産したい企業と縫製工場のマッチング機能を有するシステム　図5　や，生産したい企業・人と縫製技術を持つ職人のスキルを活用するために生まれたサービスなど，デジタルを活用したサービスが次々と誕生している。

2. OEMとODM

　近年，ブランドを持っていて企画・販売はするが，生産工場を持たない企業も存在する。また，商品量が多く，すべてを自社生産することが難しいケースもある。そういった企業に対して，**OEM**❹企業から**製品買い**❺をする生産方式をとる企業が増えている。またOEM企業が生産部分を請け負うのに対して，デザインや**パターン**❻　図6　メイキングまでを請け負うのが**ODM**❼企業である。このように生産能力を自社で持っていなくとも自分のつくりたい服がつくれるしくみができており，アパレル業界への参入のハードルは年々低くなっている。またこのようなしくみを活用することで，個人やSNSにて活躍する**インフルエンサー**❽がブランドを立ち上げることも可能になった。こういった企業以外の誰もが生産できるプラットフォームが近年増えている。

図5　**熊本に本社をおく企業シタテル**

衣服の生産・販売を支援するサービスを提供している。

❹**OEM**　Original Equipment Manufacturerの略。自社で製造した製品を，自社ブランドではなく，他社のブランドとして販売する製造業社のこと。

❺**製品買い**　自社で生産するのではなく，別の生産企業でつくられた製品を買い，自社商品として販売すること。

❻**パターン**　製図，型紙のこと。

❼**ODM**　Original Design Manufacturingの略。設計，生産までを委託して製品を製造すること。

❽**インフルエンサー**　SNSなどを通じて他の消費者の購買行動に大きな影響力を持つ人物のこと。

図6　**パターンの例（ジャケット（右側））**

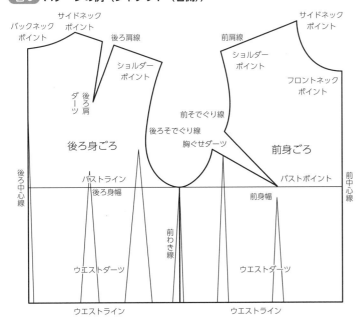

TRY

1 自分の持っている服のなかで，海外生産のものと国内生産のものがどれだけあるか調べてみよう！またそれぞれの特徴も調べてみよう！
　・購入した場所，価格は？
　・生地やデザインに違いは？
2 服の生産をサポートしてくれるさまざまなサービスを調べてみよう！

まとめ　●服づくりの流れが理解できた。

第3節 ファッション小売産業

✏️ **ねらい** ●さまざまな業態（売り方）の違いを調べてみよう。
●人々の買い物の仕方の変化に伴う小売業の現状を理解しよう。

1. ファッション小売産業とは

アパレル製品や服飾雑貨などのファッション商品を消費者 5
（お客様）に販売するのがファッション小売産業である。消
費者との唯一の接点であり，販売活動を通じて消費者に買い
物の楽しさを提供する役割を持っている。

1. 小売産業の業態（売り方）分類と役割

小売業には店舗を介して販売を行う有店舗販売と店舗を介 10
さずに販売を行う無店舗販売に分類することができる。有店
舗小売業は①総合的な生活提案を行う業態，②専門性を追求
する業態，③低価格販売を追求する業態，④利便性（便利さ）
を追求する業態に分類できる 図7 。

2. 小売業態のそれぞれの特徴 15

小売業の中で最も古い業態（売り方）の百貨店は，対面接
客で高級品を含む幅広い商品を扱い，衣料品を中心に販売を
している。量販店はベーシックアイテム❶を中心に，量販店
独自のプライベートブランド❷の商品を生産し販売している
のが特徴である。専門店は取扱商品や客層を絞り，個性のあ 20
る品揃えが特徴で，セレクトショップなどが含まれる。

❶ベーシックアイテム　トレンドに左右されないシンプルなデザインの商品。必需品。

❷プライベートブランド　小売店・卸売業者が企画し，独自のブランド（商標）で販売する商品。

TRY

①お店を持つ販売とお店を持たない販売のそれぞれのメリット・デメリットを考えてみよう。

②オンラインで選びやすく，買いやすくなるためのサービスにはどのようなものがあるだろう。実際のサイトを見てみよう。

図7 **小売業態の分類**

分類		店舗の形態	店舗の例
有店舗小売業	総合的な生活提案を行う業態	百貨店	三越伊勢丹，高島屋
		量販店	イトーヨーカドー，イオン
	専門性を追求する業態	専門店	ユナイテッドアローズ，ビームス
	低価格販売を追求する業態	ディスカウントストア	御殿場プレミアムアウトレット
	利便性を追求する業態	コンビニエンスストア	ファミリーマート
無店舗小売業	通信販売	カタログ販売	ニッセン
		インターネット販売	ZOZOTOWN
	訪問販売	―	―
	その他	―	―

➕**データ**　**マイクロプラスチック**　海洋プラスチックごみ問題への関心が高まるなか，繊維製品から発生する繊維くずについても排出抑制の対策が必要とされている。フリースや裏起毛素材の排出が多い。

ディスカウントストアのなかでも，売れ残った商品や型落ちの商品を販売するアウトレットストアは，各地で広い売り場面積があり集客力のある業態である。このようにターゲットや価格帯などを踏まえ，さまざまなブランドもどの業態で展開していくのかを決定していく。

またここ数年で，社会環境やライフスタイルの変化によって飛躍的に成長した分野がEC❸である 図8 。アパレル企業の多くがECに力を入れ始め，見やすく・選びやすく・買いやすくなるための新たなサービスが次々に導入されている。

2. ファッション小売産業の動向

SNSの成長に伴い，各個人で情報を発信できるようになった。それにより，大きなファッショントレンドは生まれにくく，小さなトレンドが早いスピードで移り変わる「短サイクル小トレンド」の動きになっている。

そのスピードに対応するため，自社で生産から販売までを一貫して行うSPA❹業態が主流になっている。大手セレクトショップでも商品を仕入れるだけでなく，自社ブランドの商品も生産している。

❸EC eコマース，インターネット通販，電子商取引ともいう。インターネットなどのネットワークを利用して，契約や決済などを行う取引状態のこと。

図8 EC市場規模の推移

経済産業省「電子商取引に関する市場調査（令和3年度）」による

❹SPA Speciality store retailer of Private label Apparelの略。自社での企画，生産から販売までを一貫して行うしくみのこと。アパレル製造小売業ともいう。

Column

変化する売り場の役割

店頭ではファッション商品だけに限らず，書籍や家具・インテリア雑貨なども売られるケースも多く見られるようになり，現在ではそのようなライフスタイル提案型の売り場が主流になっている。また，店舗の役割が変化するなかで，消費者の価値観も「モノからコト消費」へ移っていった。その価値観の変化に伴い，「体験型」と呼ばれるリアル店舗でしか経験のできない売り場が増加している。体験型の店舗として，カフェ併設の売場やお客様参加型イベントの開催なども増え，ファッション以外の食・住の分野にブランドを持つ企業も拡大している。

店内にはアパレル製品以外にもカフェやインテリアなどライフスタイル雑貨も充実。

アパレル企業が行うイベントでは，ワークショップ，ライブなどが開催されている。

まとめ ●さまざまな業態（売り方）の違いを調べることができた。
●人々の買い物の仕方の変化に伴う小売業の現状について理解できた。

第4節 アパレル素材産業の職業と資格

●アパレルの素材（テキスタイル）に関連する職業の役割と可能性について理解しよう。

ねらい

関連する職業・資格

繊維製品品質管理士

繊維製品の品質・性能の向上をはかり，品質について消費者からクレームが出ないように，それらの製品の製造や販売を行う専門職。TES（Textiles Evaluation Specialist）ともいう。

関連する職業・資格

衣料管理士

最新ファッションのアパレルからインテリア用品，雑貨まで，私たちの生活を豊かに彩る繊維製品の企画・設計，販売，品質保証，消費者対応を行う専門職。TA（Textiles Advisor）ともいう。繊維製品に関する素材および生産・流通・消費などの分野を体系的に学び，それらに関する基礎知識を身につける。

1. アパレル素材産業にかかわる職業と資格

1. テキスタイルデザイナー

アパレル製品やバッグ，カーテン，壁紙などテキスタイルの企画・デザイン製造までを行う仕事をテキスタイルデザイナーという。業務内容はプリント地 図9 のデザインと生地（織物）図10 のデザインに分類することができる。プリント地のデザインの場合は柄の図案を描き，染色工場と話し合い柄をつくり出す。配色に伴う色彩感覚はもちろん，染色に関する知識も求められる。生地のデザインの場合は糸や生地を選び，糸の織り方や染色方法を考案する。ファッションデザイナーが描いたデザイン画をもとに考えることもあり，自ら新たなデザインをつくり出したりすることもある。

このようにして，単に生地の柄や配色などをデザインしていくだけではなく，仕事の幅は広く専門性の高い知識や色彩感覚・コミュニケーション能力などが求められる。

図9 プリント地のテキスタイルデザイン

図10 生地のテキスタイルデザイン

データ **日本の伝統文様** 七宝は，無限に続く形象は"円満"を示し，縁起が良いとされる。麻の葉は，丈夫に育つ麻のようにという願いが込められている。

Column

テキスタイルの役割と表現の可能性

　現在のアパレル業界では，日本国内だけでも年間約35億着もの服が供給されているといわれている。そのなかで，服のディテールやデザインだけでブランドの持つ世界観を表現することはどんどん難しくなっている。

　そこに対して，服の持つ魅力，付加価値を高める要素の一つがテキスタイルデザインである。シンプルなデザインの服であっても，テキスタイルデザインで多くのファンを魅了することで流行に左右されないブランドとなる。そのようなテキスタイルデザインが強みのブランドは，そのデザインをバッグや食器などの雑貨やイスやソファ，カーテンなどの生活におけるさまざまなインテリアにまで広げることができる。

　アパレル製品だけでなくライフスタイル全般を提案できるブランドになることで，よりブランドの持つ世界観を色濃く表現できている点も大きな強みといえる。

Column

テキスタイルデザインと工場の関係性

　テキスタイルデザインに強みを持つブランドにとって，デザインを実際のテキスタイルとしてつくり上げる工場の存在は非常に大きい。工場が倒産などなくなってしまえば，そのブランドの存続すらも危うい状況になる。

　そのため，テキスタイルデザインに強みを持つブランドは，ブランドがどれだけ成長したとしても同じ工場との契約を継続し，工場にも安定した雇用を生み出している。仕事量が安定することで工場も存続するなど，工場と良好な関係を築くことで，新たなテキスタイル開発を続けることができている。

　今後のアパレルビジネスは，安い商品をつくるために縫製工場や職人に無理をさせるようなビジネスのやり方では，長く続けていくのは難しくなっていくはずである。

TRY

1 テキスタイルデザインを強みとしているファッションブランドを調べてみよう。

2 そのブランドのお店やオンラインサイトを見て，一般的なファッションブランドとの違いが何か調べてみよう。テキスタイルデザインにこだわりを持つブランドはどんな言葉や写真で世界観を表現しているのかを見てみよう。

まとめ　●アパレルの素材（テキスタイル）に関連する職業の役割と可能性について理解できた。

71

第5節 アパレル企画・生産にかかわる職業と資格

> **ねらい** ●企画，生産にかかわる職業の理解と同時に，服がつくられるまでにかかわる職業同士の
> つながりを理解しよう。

1. アパレル企画・生産にかかわる職業と資格

1. マーチャンダイザー（MD）

　マーチャンダイザー❶はブランドの商品企画部門の責任者のこと。デザイナーが考えたデザインをもとにコンセプト❷やシーズンのテーマを設定し，販売すべき商品の型数，色，サイズ，生産数量，価格，販売スケジュールなどを計画し実行する。販売開始後の売上や利益なども計画する。こうしたことから，数字やスケジュールの管理能力が求められる。デザイナーと同じく，ブランドの成功のカギを握る立場で，ファッションビジネスとしても非常に重要な職業である 図11 。

❶ 商品化計画という意味のmerchandisingに由来し，略してMDともいわれる。

❷コンセプト　もともとは概念や基本的なイメージのことで，ブランドコンセプトとはブランドの根本的，基本的な考えのこと。

> **関連する職業・資格**
> **ファッションビジネス能力検定**
> ファッション商品の企画や生産，流通にわたる業務を遂行する際に必要なスキルの向上をめざす。3級から1級まである。

図11 アパレル商品企画・生産（マーチャンダイジング）の流れ

ブランドコンセプトの確認 → 情報収集・分析・予測 → シーズンコンセプトの設定 → デザイン・素材企画 → デザイン決定・商品構成立案 → パターンメイキング・縫製仕様書作成注)1 → サンプルメイキング → 上代注)2決定・生産概要仮決定・一部素材発注 → 展示会 → 最終生産数量・納期決定・生産依頼 → 生産 → 店頭販売 → 店頭販売・期中企画注)3・生産

注）1　縫製仕様書：服をつくるために必要な条件（生地，副資材，要尺，縫い方，サイズなど）を指示する書類のこと
注）2　上代：販売価格のこと
注）3　期中企画：販売期間が始まった後に，その期間中に追加生産するために企画すること

72  **伝統工芸の担い手不足**　日本各地には様々な伝統工芸がある。一方で長期間の修行を伴い，技術や礼儀を教わり伝統を継承する産業形態は衰退し，新たな産業のあり方が見直されている。

2. ファッションデザイナー

　ファッションデザイナーはアパレル製品をデザインする専門職である。コレクションデザイナー，企業デザイナー，フリーデザイナーなどに分類される 図12 。春夏（Spring/Summer）・秋冬（Autumn/Winter）❸のシーズンごとに製品のデザインを考え，素材やカラー展開などを決定する。

❸春夏（S/S），秋冬（A/W）　1年を二つの期間に分類している。一般的にはシーズンごとにテーマを設定してコレクションを発表したり，商品構成を考えたりしている。

図12　ファッションデザイナーの分類

コレクションデザイナー	デザイナーの感性，創造性にてコレクションを発表し，ブランドとしての独創性を求められる。
企業デザイナー	ブランドの方向性やコンセプトを理解し，既存の商品とのバランスや市場の動向に合わせてデザインを考えていく能力が必要とされる。
フリーデザイナー	フリーランスとして1型ずつ企業から依頼のあったものをつくり上げていき，業務量に応じて報酬を得ている。高い技術力とさまざまな企業の人とのコミュニケーション力が求められる。

関連する職業・資格

パターンメーキング技術検定

アパレル企業などのパターン技術者として十分な活躍ができることをめざして，デザイナーとして就職する際にも習得しておくべき重要な資格。
3級から1級まである。

interview

元：企業デザイナー　　現：文化服装学院教員　神藤さん

デザイナーの仕事について教えてください。

　デザイナーは，商品が販売される約1年前から企画を始めます。まず，トレンドになる色や素材と，デザイナーの感性を組み合わせて生地を選び，トレンドや消費者の意識，ブランドイメージなどを踏まえて，コレクションのテーマを考えます。テーマ決定後，シルエット，素材なども含めてデザイン画を描きます。販売日に合わせてデザインを生み出し続けることと，お客様に買っていただけるデザインを考えることはとても大変です。全体のデザインが決まったら，アイテムごとに色展開やコーディネートのバランスをチームで検討し，パタンナーにトワルを組んでもらい，サンプル製作と修正を数回繰り返した後に展示会を開きます。生産するアイテムと数量が決まったら量産に入り，量産後はランダムに検品をして最終的にデザイナーがOKを出し，商品がお店やお客様の元に渡ります。

デザイナーのやりがいを教えてください。

　自分がデザインした服を人が着てくれているのを街で見た時はとても嬉しいです。もともと好きだった洋服や，何かをつくったり絵を描いたりすることを仕事にできて幸せでした。

高校卒業後の進路について教えてください。

　人や社会に伝える仕事がしたかったので，グラフィックデザイナーになりたいと考え，美術大学でグラフィックデザインを学びました。一方，子どものころから裁縫

が得意で，洋服が好きだったこともあり，ファッションについて学んでみたい気持ちもありました。大学の先生に，「将来ファッションの仕事をしたいなら服の作り方を学んだ方がよい」と助言され，文化服装学院へ入学してファッションの勉強を始めました。卒業後，アパレル会社にデザイナーとして入社しました。

転職について

　アパレル会社入社後は，アシスタントを2～3年担当してから正式にデザイナーになり，合計11年間同じブランドで働きました。同じブランドをずっと担当していたので，違うところも見てみたいと思い退職しました。その後，自分のやりたいことができる会社を探しながら過ごしているなかで，街中で偶然，文化服装学院の恩師に出会い，教員に誘っていただきました。

これからの目標を教えてください。

　学生と接することで，ものをつくることの楽しさや喜び，自分はものづくりが好きだという気持ちを思い出すことができました。これからもつくったり，表現したりすることをしていきたいと考えています。

高校生へのメッセージ

　自分の好きなこと（考えや思い）を言葉にして，人に伝えられるようになってほしいと思います。そのための知識と勇気を養ってください。

第4章

5　アパレル企業・生産にかかわる職業と資格

3. パタンナー

パタンナーとは，デザイナーとコミュニケーションを取りながら，パターンをつくる専門職である。デザイン画やデザ ▶p.67 イナーの要望に加え，製品化されたものの着心地やシルエット，縫製するうえでの工賃なども考えていく。そのため，コミュニケーション能力はもちろん，服の構造や縫製手法などの理解も必要な能力である。

これまでは紙にパターンを描く方法が主流であったが，デジタル化が進んだことによりCAD❶によるパターン作成が多くなっている 図13 。

4. 縫製技師（ソーイングスタッフ）

縫製技師とは，主に衣料品や服飾雑貨などの縫製を手がける縫製の専門職である 図14 。仕上がりの美しさや正確さを求められ，なおかつ時間内に丁寧に仕上げる技術力も必要とされる。細かさ，正確さが問われる技術職のため，手先が器用で根気のある人に適している。

5. アタッシュドプレス

アタッシュドプレスとは，ブランドの商品広報・宣伝の担当者のことである。ブランドの認知度の向上，ショップやイベントの集客や売上など，目的にあった施策を計画・実施する❷。かかわる人や企業の数も多く，コミュニケーション能力はもちろん，施策を考えるためのマーケティング知識・ファッションセンスも重要である。雑誌などのメディアに出るなど，会社の顔になることもある。

❶**CAD** Computer aided designの略。コンピュータを使って設計するシステムのこと。

❷具体的には，ファッション雑誌などのメディアへの商品情報の発信や，商品の貸し出しを行う。また，撮影や取材の立ち合い，スタイリストへのサンプル貸し出しなど，業務内容は幅広い。

図14 縫製技師

世界市場において，日本の縫製技術は高く評価されている。アパレルメーカーのサンプルづくりや，オーダーメイド商品の縫製など，一点物を縫い上げる仕事がある。

図13 CAD画面

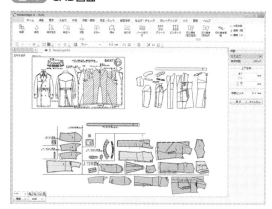

+データ **着付け師** 着物の着付けを行うスペシャリスト。着付け技能士の資格を受検するには，大学・短大・専門学校卒業もしくは，実務経験が必要である。美容師とあわせて資格取得する場合もある。

6. ディレクター

　ディレクターとは，メーカーや小売企業において企画から全般にかかわる幅広い仕事をする職業である。ブランドによっては，ディレクターが企画の方向性やテーマを決め，そのテーマに合わせてデザイナーが製品を考えることもある[3]。企画の方向性やテーマ，商品構成などあらゆる部分を管理するため，時代や価値観・ニーズからトレンドを読む力が重要となる。また，ブランドの指揮をとるため，組織を動かしまとめていくマネジメントスキルも求められる。

▶p.24

7. 生産管理

　生産管理とは，販売できる商品になるまでのすべての工程を，計画通り進行させるために管理する仕事である 図15 。デザイン通りの商品をつくり上げるうえで最も重要な職業である。コミュニケーション能力，縫製工場のスタッフに対するマネジメント力，スケジュール管理力，素材や生地の知識などが求められる。

8. 営業

　主に卸先や販売先の百貨店などに対して自社ブランドの商品営業をしたり，店舗開発をしたりする職業であり，企業によっても業務領域はさまざまである。人気のファッションビル[5] 図16 に出店できるようになったり，商品を置いてもらえる店舗が増えたりと，ブランドの拡大には営業の力が必須である。社内に向けた業務では，販売スタッフの指導や在庫状況の把握，店頭の売れ筋[6]を確認するなど，店を訪れて情報収集活動も行う。本社と店舗をつなぐ役割も担っており，コミュニケーション能力や業界に対する深い知識などが求められる。

[3]海外の高級ブランドでは，デザイナーではなく，クリエィティブディレクターと呼ばれるケースも目立つようになってきた。

[4]仕様　服を縫製する上でのさまざまな縫製の仕方の総称。仕様の難易度で，耐久性や装飾性に関係し，縫製にかかるコストにも影響する。

[5]ファッションビル　小売業態の一つで，ファッションブランドが中心の商業施設のこと。ルミネやラフォーレ原宿，パルコなどがある。

[6]売れ筋　店頭にある商品の中で特に売れている商品のこと。反対に売れていない商品を「死に筋」という。

図16 ファッションビル

写真提供：PARCO

図15 生産管理の業務

コスト管理	納期管理	品質管理
・縫製の仕様[4]を考えたり，商品のコストを考えたりする。	・海外と連携しながら納期通りに納品する。 ・縫製工場とのコミュニケーションを取り，納品までの道筋をつくる。	・どんなデザインの商品であっても，何万枚もの商品をすべて同じ品質にコントロールする。 ・工場の選定をする。

まとめ　●企画，生産にかかわる職業について理解できた。
　　　　●服がつくられるまでにかかわる職業同士のつながりが理解できた。

第6節 アパレルの販売にかかわる職業と資格

📖 **ねらい** ●販売するうえで商品をより魅力的に伝えるためのさまざまな職業を理解しよう。
●販売での接客スキルの向上につながる資格を詳しく調べてみよう。

図17 展示会の商談のようす

1. アパレルの販売にかかわる職業と資格

1. バイヤー

バイヤーとは仕入れ担当者のことで，売上と利益への責任がある職業である。いま消費者がどのような商品を求めているのかなど，常に消費者ニーズやトレンドに敏感であることが大切である。また商品を買いつけした後は，商品の勉強会をスタッフに向けて実施したりコーディネートの提案をしたりする。トレンド察知力やコーディネート力，海外へ行く場合の語学力などが求められる **図17**。

interview ────────── 株式会社トゥモローランド バイヤー 田辺さん

バイヤーの仕事について教えてください。

お店にはプライベートブランドという自社で作った商品と，自社以外の海外や国内のブランドが作った商品が置かれますが，バイヤーは自社以外が作った商品を買付するのが主な仕事です。買付とは，展示会で商品のサンプルを見て，どの商品を何点ほしいかオーダーをすることです。買付先は日本やイタリア，フランス，ニューヨークなどで，1年のうち2か月ほど海外へ出張に行きます。

買付の他には，どのようなお仕事をしていますか？

買付前には，どのような商品を買付するか社内で打ち合わせをし，買付後は，海外で流行っていた商品や，買付した商品について社内で共有します。また，商品を実際に販売するスタッフに向けて，商品のよさやコンセプトなどを伝えたり，自分が店頭で販売したり，売り上げ分析や在庫分析などの振り返りをします。自分が買付したものが売れたときは，とても嬉しいです。最近はプロモーション業務にも参加することもあり，業務の幅は広がっています。

海外でのお仕事について

海外で働くことは大変なことも多くあります。華やかな業界である一方，気温30度を超えるなか，1日中歩き回ることもあります。言語の面では，日本語を話せる人を雇っていないブランドとは英語で会話をします。通訳に入ってもらうこともできるので，英語は必須ではありませんが，英語を話せることはバイヤーにとって強みになりますし，仕事に深みが増します。

高校卒業後の進路について教えてください。

大学の法学部に入り，法律や経済，外国語を学びました。そのころから，古着などファッションに興味を持ち，洋服や海外と接点のある仕事がしたいと考え始めました。大学3年の時には，ロサンゼルスへ10か月留学に行きました。アメリカ西海岸の洋服の文化に触れる環境で英語の勉強がしたかったので，すべて自分で計画し，語学学校で勉強をしながら，2〜3か月間は洋服関係の企業でボランティアをさせてもらいました。留学を経て，洋服と海外との接点がある仕事がしたいとの気持ちがより強くなり，アパレル関係の企業に入りました。

高校生へのメッセージ

得意なものや好きなものに時間をさいて，能力を磨いてください。好きなものには責任感を持って，よりよくなりたいという気持ちが出ると思います。好きなことを仕事にしているからといって，100％楽しい訳ではありませんが，51：49で楽しいが僅差で勝るから続けていけるのだと思います。

映画『プラダを着た悪魔』 一流ファッション誌の編集部で働くことになった女性が，悪魔のような上司に振り回されながらも前向きに頑張る姿を描いた映画。

2. 店長

　店長とは各店舗の責任を持つ管理者のことで，その店舗で働くスタッフが，いかにいきいきと働けているかは，店長のマネジメントスキルによる。企業によって業務領域は異なり，
5 店舗の運営や販売，プロモーション，人事のほかに，仕入れの責任を持つ場合もある。また，本社から店舗へ戦略や目標を伝えられると，店長はその目標を全スタッフに理解させ，目標達成のための役割分担を決めるなど，業務領域は多岐にわたる。最近では店舗ごとの店長に経営意識を持たせ，戦略
10 などを独自に考えさせる企業も増えている。店長になるまでには，各業務担当や副店長を経て店長になるのが一般的である。

3. 販売員／ファッションアドバイザー（FA）

　ブランドのコンセプトやデザイナーの意図を把握し，店舗
▶p.72
15 でお客様に対して，商品説明やコーディネート提案などの接客販売を行う。そのためには，店舗管理として商品陳列や演出，在庫管理なども重要な業務である。また，ブランドイメージを体現する役割を担っており，SNSでスタッフによるコーディネートの投稿やプロモーション活動，店舗からのライブ
20 配信によるオンライン接客など，デジタル上での活動も増えている。ブランドに対する深い理解や商品に対する深い知識，チームワーク力などが求められる。

4. ビジュアルマーチャンダイザー（VMD）

　デザイナーやブランドが発信するテーマを元に，店舗の内
25 装やレイアウト 図18 ，ディスプレイの指示・管理をする。単に商品陳列や装飾をするのではなく，マーチャンダイザー（MD）の商品計画にもとづいて売上につながるように，戦
▶p.72
略を視覚的に落とし込むことが重要である。オンラインにはない実店舗ならではの業務であり，この職業の重要度は年々
30 高まっている。ブランドへの理解力や売上への意識，コミュニケーション能力が求められる。

図18　店舗の商品陳列

関連する職業・資格
販売士検定
販売に必要な商品知識や販売技術，仕入れや在庫管理，マーケティングなど，より高度で専門的な知識を持つ人材の育成をめざした内容。
3級から1級まである。

関連する職業・資格
接客販売技能検定
厚生労働大臣から認定を受けた日本百貨店協会が運営するファッション・ギフト販売の国家検定資格。合格すると「接客販売技能士」に認定される。

関連する職業・資格
商品装飾展示技能士
厚生労働省が実施する国家資格である。商品を的確かつ効果的に表現して見せるために必要な技能。
3級から1級まである。

第4章

6 アパレルの販売にかかわる職業と資格

5. EC運営者

　自社のオンラインショップの運営を担当する。企業によって，自社ですべて行っている場合や外部の企業に一部委託している場合がある。在庫管理や企画，デザイン，撮影，編集など，業務範囲は近年拡大している。世の中の消費意識と購買行動が変化したことで，重要度が飛躍的に高まったのがこの職業である。

　デジタル技術が進化し，新たなサービスが生まれることで消費者が不満に思うサイズ感，素材感などの問題を改善できるようになってきた。また，オンライン上の表現は，写真中心から動画へと変化している。そのため，Webに対する知識，PCスキル以外に動画編集スキルも求められるようになるだろう。

TRY

1. いろいろなテイストのお店の接客を受けて価格帯や客層に対しての言葉遣いや商品知識，会話内容を体験してみよう。
2. 人気のディレクターの記事を読んで，仕事内容やキャリアを調べてみよう。
3. 各資格についてさらに詳しく調べてみよう。

Column

販売員の役割の変化

　1980年代，DCブランドの販売員はハウスマヌカンと呼ばれ，憧れの職業の1つであった。店頭だけでなく，彼・彼女らがブランドの服を着て街を歩くだけで広告塔のように絶大な影響力を持っていた（写真）。

　販売員の役割は時代によって変化している。ハウスマヌカン，カリスマ販売員，販売員兼プロデューサーというように，憧れの的であった販売員もSNSの普及に伴い，販売員がメディア化（インフルエンサー）している。それに伴い，販売員に求めるものが憧れから共感へ変わっていった。

写真提供：web-across.com

＋データ　**ファッションイラストレーター**　ファッション画を描く専門職。雑誌や販売促進のためのポスター，カタログなどにファッション画を描く。

6. スタイリスト

スタイリストとは，ファッションショーのコレクションに出演するモデルや，雑誌・テレビなどのメディアに出演するタレントなどの服装のスタイリングをする職業である（図19）。

スタイリストの活躍する領域は幅広く，雑誌，映画，テレビ番組，ライブ，CM，ポスターなど，さまざまな依頼元の要求に合わせてスタイルを考える必要がある。ファッションセンスはもちろん，依頼元の立場やTPO❶を考える力，素材や色などの専門的知識も必要となる。

働き方は多岐にわたり，スタイリスト事務所に所属したり，フリーランスで活動したりする人も多くいる。

7. ファッションモデル

ファッションモデルとは，ファッションショーや雑誌などで服を着こなし，ブランドや商品，雑誌のイメージを表現する職業である。テレビCMや広告などにも起用され，ブランドの広告塔を担うこともある（図20）。

活動するためには事務所に所属して仕事を紹介される場合や，個人でオーディションを受けるなど，自分で自分を売り込んでいくこともある。華やかな世界ではあるが，身長や体型などに関する条件も厳しく，自身がブランドの顔になるため，体型や美容などに関して強い意志と自己管理力が必要になる。また，近年ではSNSで発信力，影響力を持つインフルエンサーがモデルとして起用されることも多くなっている。
▶p.67

❶TPO　Time, Place, Occasionの頭文字。時と場所，場面に応じた服装などの使い分けのこと。

図19　スタイリスト

図20　ファッションモデル

Column

オンライン試着

ECサイトから服などを購入する際は，試着などができないため，自分に合ったサイズが見つけられないことがある。このような悩みを解決するため，オンライン上でのサイズ選びをサポートする新しいサービスが提供されている。

サービス上では，ECサイトで見つけた商品と，すでに自分が持っている商品のサイズを比較できたり，オンライン上で試着できたりすることで，自分に合った商品を選ぶことができる。

まとめ　●商品をより魅力的に伝えるためのさまざまな職業について理解できた。
●販売での接客スキルの向上につながる資格について調べることができた。

第7節 衣生活の変化

●過去のファッショントレンドがなぜトレンドになったのか，その時代の社会的できごとや人々の生活，価値観と関連づけて理解しよう。

1. ファッションの移り変わり

1. ファッショントレンドと社会の関係

いつの時代も，社会・経済が変化することでその時代に生きる人々の価値観，ライフスタイルも変化してきた。その変化のなかで生まれるのが**ファッショントレンド**である。

ファッショントレンドは，これまでの歴史のなかで数多く生まれてきたが，トレンドが生まれる理由は必ず時代の変化にある。なぜそのファッションがトレンドになったのか，これからファッション業界でつくり出す側になるためには，そこへ興味関心を持つことが非常に重要である 図21 。

図21 社会の変化とファッショントレンドの年表

年代	1950 年代	1960 年代	1970 年代	1980 年代
	戦後復興期	高度成長期	低成長期	安定期
価値観	機能の消費	量の消費	質の消費	情報の消費
政治社会生活者動向	●朝鮮戦争（軍需景気） ●大衆社会 ●百貨店法施行	●東京オリンピック ●団塊の世代 ●工業化社会	●大阪万博 ●オイルショック ●情報化社会	●バブル経済・円高 ●プラザ合意 ●高度情報化社会
生活文化	●映画ブーム 「風と共に去りぬ」 「太陽の季節」 「君の名は」	●量販店台頭 ●大量生産・消費	●ファッションビル ●ファッション誌創刊	●Hanako 創刊 ●テレビゲーム ●東京ディズニーランド
ファッション動向	●シネマファッション （真知子巻き，太陽族） （ヘップバーンスタイル） ●洋裁学校ブーム ●ディオール初来日	●マリークワントによる ミニスカートブーム ●みゆき族 ●アイビールック ●六本木族 　●サイケファッション 　●ヒッピー・ 　　フーテン族	●紳士既製服化率50％超 ●ポパイ少年 ●アンノン族 ●高田賢三，三宅一生 パリコレ活躍　●竹の子族 　●ニュートラ，ハマトラ	●DC ブランド インポートブランド ●カラス族 ●ハウスマヌカン (販売員) ●山本耀司 川久保玲 パリコレ活躍 ●渋カジ（前期・後期）

真知子巻き

ミニスカート

ハマトラ

+データ ジェンダーレスファッション　性別にとらわれない「ジェンダーレス」なファッションが注目され，学校制服でも導入されている。男女兼用のデザインや多様な組み合わせが増加している。

2. 現在のライフスタイルの原点

　現在のライフスタイルの原点は，第2次世界大戦の敗戦後の復興期に生まれた。戦後，精神的にも物理的にも貧しいなかで，豊かさへの憧れと洋風化を志向する価値観が広まった。
5 その後も海外の生活・文化，ファッションへの憧れが日本人の価値観，ライフスタイルに影響を与えていった。

3. 戦後のファッションとカルチャー

　戦後徐々に和服から洋服へ転換していくなかで，洋裁学校が非常に盛り上がりをみせた。これは，家庭裁縫で着物を縫い上げるなどして衣服をつくっていたためである。既製服の
10 普及はまだ先で，仕立て屋への注文などが中心であった。

　また，この時代はシネマファッション 図22 といわれる映画からのトレンドが生まれ，映画スターへの憧れが若者の生活や価値観を変化させた。この時代から若者の動向が注目さ
15 れるようになり，ストリートファッション＝若者から生まれる文化（ユースカルチャー）という認識が生まれた。

図22　シネマファッション

オードリーヘップバーン。サブリナパンツの流行。

1990年代	2000年代	2010年代	現代
成熟期	不安定期	変革期	
実質消費	こだわり消費	選択消費	消費のデジタル化
●バブル崩壊 ●インターネット ●複合情報化社会	●IT バブル 　●リーマンショック 　　世界同時不況 ●格差社会	●東日本大震災 ●アベノミクス ●国連より SDGs 採択	●新型コロナウィルス感染症 ●東京オリンピック ●Z 世代
●SPA ●女子高生ブーム ●アウトレットストア台頭	●SNS スタート（ミクシィ） ●ファストファッション上陸 ●六本木ヒルズ，ヒルズ族	●EC，オムニチャネル ●インスタグラム ●サスティナブル ●インフルエンサーの登場	●インスタグラム ●D2C 拡大 ●2 次流通（リセール）
●裏原ファッション ●リバイバルファッション 　フィフティーズスタイル ●ボディコンルック ●109 系ファッション 　ギャル，アムラー	●リアルクローズ ●クールビズ ●スキニージーンズ ●古着 ●森ガール	●ノームコア ●アスレジャー ●シティボーイ ●コラボレーション 　●ラグジュアリーストリート	●Y2K ●古着ブーム ●ジェンダーレス 　ファッション ●バーチャルファッション 　メタバース

ギャル　　　　　森ガール

81

❶**団塊の世代** 第2次世界大戦の直後1947～1949年生まれのベビーブーム世代のこと。

❷**DCブランド** デザイナーズキャラクターズブランドの略。1980年代にブームとなった，日本のアパレルメーカーによる高級ファッションブランドの総称。

図23 みゆき族

図24 ヒッピーファッション

図25 1970年代に創刊されたファッション雑誌

「POPEYE」や「an・an」，「JJ」など，現在も続く人気ファッション雑誌が創刊された。
写真提供：マガジンハウス

4. ファッションは海外の憧れ

高度成長期により工業化が進展すると，服は仕立てるものから購入するものへと変化した。大量生産・大量消費が可能になり，時代は十人一色の画一化社会となる。その消費の中心になったのは**団塊の世代**❶であった。

団塊の世代をターゲットにして，歴史的に珍しい男性先行型のトレンドとして「**みゆき族**」 図23 が誕生し，社会現象になった。続いて「**ヒッピーファッション**」 図24 ・「**ミニスカート**」が大きなトレンドとして生まれた。

5. 経済の変化とファッションの個性化

1970年代に石油危機が起こると，それまでの画一化から個性化や差別化へと価値観が変化していった。それを後押しするのがファッション雑誌の創刊である 図25 。雑誌を通してアメリカンカルチャーやサーフスタイルが上陸し，「**ニュートラ**」・「**ハマトラ**」など，多くのファッショントレンドが誕生した。多様化するトレンドに合わせた多品種少量生産体制への移行により，十人十色の時代が始まった。

6. 日本のファッションアイデンティティの確立

世界で活躍する日本人デザイナー（山本耀司，川久保玲など）の登場により，戦後から続いた，日本のファッション＝海外への憧れという図式が変化し，日本のファッションアイデンティティが確立された。バブル経済の到来もあり，消費意欲が極めて高い団塊の世代によって，**DCブランド**❷やインポートブランドブームが到来した。

Column

雑誌から広がるさまざまなカルチャー

「POPEYE」が1976年に創刊されるまでライフスタイルを提案する雑誌はなく，「POPEYE」や「an・an」がその役割を担った。
そこに掲載されるアメリカの文化や風景写真などは，旅の気分を味わえることができ，これらの雑誌から，サーファーブームやアンノン族（an・anやnon-noを片手に旅行する女性のこと）などのブームが誕生した。また，「POPEYE」の妹分といわれる雑誌「Olive」から「オリーブ少女」が流行するなど，雑誌から数多くの流行が誕生した。
写真提供：マガジンハウス

映画『**ザ・トゥルー・コスト〜ファストファッション真の代償〜**』 華やかなファッション業界の裏側の，知られざる真実を教えてくれるアメリカのドキュメンタリー映画。

7. ファッションの多様化

　バブル経済の崩壊に伴う人々の消費行動の変化に対して，販売形態も変化していった。店舗独自の品揃えで商品を展開するセレクトショップや，服以外にも生活雑貨を交えたライ
5　フスタイル提案型ショップなどの業態が登場した。街では原宿▶p.69を中心に開店したお店が人気を集め，**裏原系ファッション❸**として若者に絶大な人気を誇った。若者は自分でアイテムをコーディネートするようになり，ファッションが自己表現のものになると，一人十色の時代となった。

10　## 8. 国内ファッションの大転換期

　これまでのファッションの消費意識を大きく変えたのが，海外資本のファストファッションブランド 図26 の上陸である。手頃な価格でトレンド性の高い商品は，またたく間に若
15　者へ広がった。トレンド性と価格のバランスとして重要視される，**コストパフォーマンス❹**という考え方は現在にまで続いている。それと対比する形で成長したのが**ラグジュアリーブランド❺**である。この時代，東京に多くの高級ブランドが出店すると，低価格のファストファッションブランドと高級なラグジュアリーブランドが市場の中心となった。これを
20　ファッションの二極化と呼ぶ。

9. 現在のファッションビジネス

　過去のファッショントレンドが時代を越えて繰り返される**リバイバルファッション❻**は多く登場する。スマートフォンの普及によってトレンド周期はどんどん加速し，SNSによる
25　海外からのファッショントレンドも数多く生まれた。流行の起点は街や店舗ではなく，SNSが中心になっていった。**Z世代❼**を中心に個人で強い影響力を持つインフルエンサーと呼▶p.67ばれる人はファッションにも高い影響力を持ち，ファッションの多様化はこんにちまで続いている。情報量が増加し，価
30　値観が多様化するなかで，情報を活用しコントロールできるスキルは今後ファッション業界で活躍するための必須のスキルになっている。

❸**裏原系ファッション**　裏原宿と呼ばれる渋谷のキャットストリートや原宿通りから発信されたストリートファッションのこと。

❹**コストパフォーマンス**　費用対効果のこと。支払う金額に対して効用や価値がどのくらいあるかを割合で表すもの。

❺**ラグジュアリーブランド**　欧米の高級既製服や服飾雑貨を製造・販売する小売業態をさす。

図26 **海外ファストファッションブランドの上陸**

❻**リバイバルファッション**　過去に流行したファッションがあるきっかけで再び流行するファッションのこと。

❼**Z世代**　1990年代中盤から2000年代前半に生まれた，SNSやスマートフォンが日常化した世代。

気になった過去のファッションの特徴を調べてみよう。
また，そのファッションが現在どのように変化しているのかを調べてみよう。

●まとめ　●過去のファッショントレンドがなぜトレンドになったのか，社会的できごとや人々の生活，価値観と関連づけて理解できた。

第 8 節 衣生活の課題

ねらい ●ファッション業界の課題とその解決策であるさまざまなデジタル技術や多様化するファッションを詳しく調べてみよう。

1. エシカルファッション

ファッション産業は生産工程や流通，商品において地球環境への負荷が大きい業界といわれている。社会課題との関係性も深く，多くの企業がそれらに対してさまざまな取り組みをしている。

1. エシカル

エシカル（ethical）とは，「倫理的」「道徳上」という意味で，環境だけでなく人や社会，地域という自分たちを取り巻くすべてのものに対して，多くの人が考える良識にしたがって考えよう，行動しようという概念である。

2. エシカルファッション

エシカルファッションとは人や環境，社会にやさしいファッションのことである。人に対しては**フェアトレード**❶ 図27 で生産者の労働環境と適切な収入を守ること。環境に対しては**オーガニックコットン**❷の利用や，原材料・生産体制・輸送などにおいて環境負荷を最小限に抑えること。また，不要になった製品の回収・リサイクルや，毛皮・皮革など動物を傷つける原材料を使用しないこと。社会に対しては消費者が住む地域の地場産業や伝統技術，雇用を守ること。以上のような，エシカルな製品を積極的に消費することを**エシカル消費**という。

❶**フェアトレード** 公正な社会をつくるために，途上国の経済的社会的に弱い立場にある生産者と，経済的社会的に強い立場にある先進国の消費者が対等な立場で行う貿易のこと。

❷**オーガニックコットン** 化学肥料や農薬に頼らずに，太陽や水・大地など自然の恵みを生かして栽培・生産された植物をさす。

図27 フェアトレード認証ラベル

TRY

① ファッションが地球に与える環境への影響を調べてみよう。
　服ができるまでにどれだけの資源が使われているだろう？また，売れ残った服はどうなるだろう？
② エシカルを意識した製品・ブランドを調べてみよう。また，その製品やブランドの特徴や，デザイナーの想いなどを発表してみよう。
　「サスティナブル　ブランド」で検索してみよう。

  1枚2ユーロ（約260円）のTシャツ 2015年にドイツに設置されたTシャツの自動販売機では，購入者に劣悪環境の労働者の映像を見せ，「買いますか？寄付しますか？」という表示がなされた。

2. 新しい技術を取り入れたファッション

1. アパレル業界における新技術

アパレル業界では，紙やFAXでのやり取りといったアナログな要素が，現在も服づくりの過程で多く存在している。この部分にデジタル新技術が導入されることで，環境負荷の軽減や生産性の向上などにつながる。デジタル化が求められる一方で，業界内にはデジタルツールを活用できる人材が不足している。今後の業界の未来を担う人物像として，**ファッションテック**❸の知識を備えた人材が求められる。

2. 素材開発における新技術

繊維業界においては，新技術をいかした素材開発が行われている。これまでの繊維素材にはないデジタルな機能を持つ**スマートテキスタイル**❹と呼ばれるものも誕生した 図28 。

3. 生産プロセスにおける新技術

産業課題である生産工程のアナログ業務に対して，生産性を向上させられるのが**3DCG**❺ 図29 である。実物制作の必要がなくなるため，生産段階の**サンプルチェック**❻で生まれるコスト（時間・素材・労力）を軽減することができる。また，デジタル上で展示会に出品することで，その場にいなくてもオーダーすることも可能になる。導入効果が非常に大きく，3DCGを導入する企業も増加している。今後，デザイナーなどの企画・生産にかかわる職種には，新たに開発されるデジタル技術に対応し，活用できることが求められる。

❸**ファッションテック**「ファッション」に技術を意味する単語「テクノロジー」を足した造語。

❹**スマートテキスタイル**一般の繊維素材では得られない新しい機能を備えたテキスタイル素材。ファッション業界のみならず，アスリートに向けた体調管理や介護・保育施設の見守りサービスなど，幅広い分野において社会課題やニーズに応じた製品が開発されている。

❺**3DCG**3Dシミュレーションとも言う。3次元空間でのコンピュータグラフィックス。デジタル上で物体を作成したり，アニメーションで動かしたりする技術。3DCGは，デザインイメージを実物ではなくデジタル上で確認することを可能とする。

❻**サンプルチェック**デザイナーのイメージ通りに製品化されているかを実際にサンプル品として縫い上げて，実物を確認しながら調整する生産工程。

図29 **3DCG**

図28 **スマートテキスタイル**

3. ファッションの多様化

1. ファッションの多様化

　かつて，ファッションには着用場面や**ドレスコード❶**など，さまざまなルールや制約があった。しかし，時代が進むにつれて主体的に服を選び購入する人々が増えると，これまでのルールにとらわれないファッションも多く誕生してきた。そして，若者や健常者以外の高齢者や障がいがある人も着ることができる衣服として**ユニバーサルファッション**が生まれた。身体的特徴を補うという面以外にも，ファッション性も合わせ持ち，すべての人が人生を豊かにするために多くのファッションが生まれている。

2. ユニバーサルファッション

　ユニバーサルファッションは，あらゆる人々が幸せな生活を過ごせる社会づくりに欠かせないものである。自力では服をスムーズに着ることができない，自分に合ったサイズの服が見つからないなど，障がいや病気などの理由で，着る服についてさまざまな悩みを抱えている人が多くいる。**ユニバーサル・デザイン**の衣服は，そのような人たちにとって，ファッションの選択肢が広がることにつながる 図30 。

　車いすや義足・義手に合わない既成のサイズから選ぶのではなく，3DCGのデータを活用し，各個人のニーズに合わせた服がつくられている。また，障がいの有無や年齢に関係なく，あらゆる人が共通して着用できるデザインを中心とした，インクルーシブデザインの衣服も存在する 図31 。

❶ドレスコード　服装指定のこと。格式に応じた正装から，広く時と場所と時間帯（TPO）に応じて求められる身だしなみをさす。(▶p.79)

▶フォーマル（和装）

▶フォーマル（洋装）

図31 **インクルーシブデザインの例**

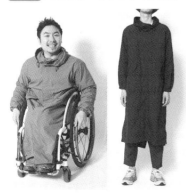

←晴雨兼用のコートで，背中のヨーク部分がボタン留めになっており，背中の下半分を取り外すことができる。

大きくなった子どもも着用できるワンピース型のスタイ。吸水速乾素材を使用しているため，水分の浸透を防ぐなどスタイ本来の機能も果たす。　→

外反母趾　足に合わない靴を履き続けると，指が密着・圧迫され，親指と小指が内側に変形する外反母趾となる。自分の足の大きさやサイズを適宜確認しよう。

図30　ユニバーサル・デザイン

パンツの着脱が困難な方に向けて，着脱が容易な全開ファスナーのパンツ

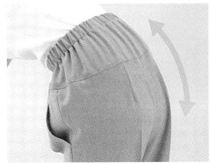

腰の曲がってきた方に向けて，腰をすっぽりと包み込む，きれいなシルエットのパンツ

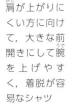

肩が上がりにくい方に向けて，大きな前開きにして腕を上げやすく，着脱が容易なシャツ

ボタンが留めづらくなってきた方に向けて，片手でも留め外しが簡単にできるワンタッチテープボタンを採用。

3. シニアファッション

「何歳になってもファッションを楽しみたい」，そのような気持ちを持つ**シニア世代❷**が増えている。ファッションの歴史として，ミニスカートやアイビールックなどのさまざまな流行を青春時代に経験してきているのが今のシニア世代である。

5

これまでのシニア専用ブランドは，地味な色合いで，加齢による体形の変化や身体機能の低下を補うファッションとしてひとくくりになっていることも多かった。しかし，若者に負けない明るい色を用いた，おしゃれなファッションを好む

10 人も増えた。今までのシニア世代とは異なる感覚で，ファッションを楽しもうとしている傾向にある 図32 。

50代以上向けのおしゃれや美容に関する雑誌の創刊や 図33 ，百貨店でシニア層向けの売り場の再開発が進むなど，

15 シニア世代への注目度の高まりはあらゆるところに見られる。「何歳になっても若々しい見た目でありたい」と考えるシニア層に向けた商品やサービスが，今後も多く出てくるだろう。

▶p.80

❷シニア世代　世界保健機構（WHO）の定義では65歳以上の人をさす。

図32　**シニア向けファッションブランド**

「素敵に年齢を重ね，おしゃれに暮らすシニア世代へ」がコンセプト。

図33　**50代からの女性向け雑誌**

「50代からの心豊かな生き方・暮らし方」がコンセプト。

4. ファッションビジネスの多様化

　社会の変化に伴い，消費意識の変化，デジタル技術の発展による購買行動の変化など，ライフスタイルは絶えず多様化している。多様化するライフスタイルに合わせて変化するのがファッションビジネスであり，今後も新たなビジネスモデルが誕生していくだろう。

1. DtoCブランドの台頭

　ニーズが多様化しているなかで，そのニーズに対応すべく生まれたのがDtoC**❶**である。売って終わりの従来のしくみとは異なり，ECやSNSなど，オンライン上を主体にお客様とコミュニケーションを取りながら独自の世界観を伝えていく 図34 。それに伴い，店舗の役割も徐々に変化している。店舗はブランドの世界観を体験する場で，販売はECで行うというビジネスモデルが増えている。また，ECと店舗との垣根を越えた，新たな業態のOMO**❷**型店舗も徐々に拡大している 図35 。

2. デジタルファッション

　スマートフォンの普及とともに，インターネット上の空間（仮想空間）でおしゃれ（**デジタルファッション**）を楽しむ人が増えている。インターネット上で自分の**アバター❸**に着せ替えしてファッションを楽しむ，といった市場が拡大している**❹**。

　今後もアバターファッション 図36 に関する消費は拡大することが予想され，現実世界だけでなく仮想世界でもファッションなどを創造できる人材が活躍していくだろう。

▶p.69

❶DtoC　Direct to Consumerの略。D2Cともいう。企業やブランドが企画・製造した商品を自社のECサイトなどで消費者に直接販売を行う業態。

❷OMO　Online Merges with Offlineの略。直訳すると「オンラインとオフラインを併合する」という意味になる。店舗で商品を触りながら，スマートフォンでレビューをチェックするなどオンライン（EC）やオフライン（店舗）の垣根なく買い物してもらうしくみ。

❸アバター　ゲームやネットの中で登場する自分自身の「分身」を表すキャラクターの名称。

❹国内外でカジュアルブランドからラグジュアリーブランドまで相次いで，バーチャル上に参入している。

図34 DtoCブランド

COHINA
for around 150cm

図35 OMO店舗

図36 アバターファッション

ZEPETO

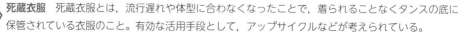

＋データ　**死蔵衣服**　死蔵衣服とは，流行遅れや体型に合わなくなったことで，着られることなくタンスの底に保管されている衣服のこと。有効な活用手段として，アップサイクルなどが考えられている。

3. リセールと消費行動の変化

　ファッション商品の流通のうち，**リセール**[5]で商品を購入する割合が年々拡大している。メルカリなどオンライン上のフリーマーケットアプリケーションの利用率が高まり，商品購入のしかたにも変化が起きている。新品を購入する際に，いくらで売れるのか，価値が減るのか，を見極めてから購入を決めるという消費行動へ変化している。そうして一つの商品が多くの人の手に渡り，長く愛用されることは，結果としてサステナブル[6]であるといえる。

4. 消費意欲の変化から生まれたビジネスモデル

　時代の変化とともに消費意欲が変化すると，「所有することが重要ではない」という意識が生まれた。ファッションにおいても，洋服を必要以上にもたない人も増え，購入ではなくレンタルするサービス（**シェアリングエコノミー**）[7]が誕生した。また，必要なときだけ活用するシェアリングエコノミーに対して，定期的に活用するしくみである**サブスクリプション**[8]もファッション業界に限らず拡大している注目のビジネスモデルである 図37 。

図37 サブスクリプション

月額制で洋服をレンタルできるサービス。

[5]リセール　2次流通ともいう。一度市場に出た商品が消費者に渡り，再び販売されること。

[6]　「持続可能な」という意味。地球にある資源を長期間維持し，環境破壊することなく次世代につないでいく行動や配慮をさす。

[7]シェアリングエコノミー　インターネットを介して，個人と個人の間で使っていないモノ・場所・技能などを貸し借りするサービス。バッグなどのファッション雑貨で徐々に浸透していき，コーディネートや着用シーンに応じて必要な時期に必要なものをレンタルする，という購買スタイルが生まれた。

[8]サブスクリプション　月額などで料金を支払うと期間内は商品やサービスが使いたい放題になる定額制サービス。

Column

古着ブーム

　リバイバルファッション（▶p.83）と呼ばれる，過去のファッションが流行すると，その当時の服を取り扱う古着屋が盛り上がる。それらはSNSやフリーマーケットアプリケーションの普及によって，より加速した。

　そして，店側の古着の取り扱いにも変化が生まれている。古着屋が新品の服をつくったり，新品を取り扱うセレクトショップにも古着が並んだり，百貨店でもイベントが開かれるなど，新品と古着の境界線はなくなってきている。

TRY

1 8節で出てきたキーワードや事例の中で，興味を持った企業の活動を調べてみよう。

2 ファッション業界が今後どうなっていくのか，未来を自由に予測してみよう。

まとめ
- ファッション業界の課題が理解できた。
- さまざまなデジタル技術や多様化するファッションについて調べることができた。

TOPIC
サステナブルファッション

服装にサステナブルな視点を取り入れてみよう

　サステナブルとは、"持続可能"を意味し、生活のあらゆるものに取り入れられている。サステナブルファッションは、衣服の生産から着用、廃棄にいたるまでのプロセスにおいて、将来にわたり持続可能であることをめざし、生態系を含む地球環境やかかわる人・社会に配慮した取り組みである。

　私たち消費者は、サステナブルファッションに向けて行動できているだろうか？消費者・企業・団体の視点に分けて考えよう。

企業の取り組み

①お店などでの古着の回収サービスの利用

　店舗での古着回収導入企業が増加している。アダストリア、グリーンレーベルリラクシング、ユニクロ、良品企画など多くの企業が導入している回収サービスに参加してみよう（写真上）。

②アップサイクルで衣服の焼却処分をなくす

　毎年、大量に生産される服の約60%は、1年以内で焼却処分か、埋め立て処分されるといわれている。新品のまま、廃棄される在庫があるのも現状である。アダストリアのFROMSTOCKは、捨てられる運命にある「倉庫の服」を蘇らせる、アップサイクルを行っている。ブランドや値段は関係なく、「黒染め」という最もロスが少ない方法で、新たな価値に転換し、私たち消費者のもとに再び販売されている（写真下）。

消費者（私たち）の取り組み

　サステナブルファッションを推進するために、今日から何が始められるだろうか。ヒント1〜8のうち、①始めてみたいこと、②選んだ理由を、周りの人と話し合おう。

図1 サステナブルファッションへの関心割合

具体的な取り組みを行って
6か月未満 1%

具体的な取り組みを
行って6か月以上
3%

関心があり、
できることは
実行したい
4%

全く関心はない
41%

関心はあるが、
具体的な行動は
起こしていない
51%

関心がある

環境省「サステナブルファッション」による

図2 企業の取り組み

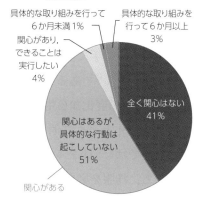

図3　買う時、選ぶ時のヒント

ヒント1　本当にその服が必要かどうか、もう一度よく考えてみる	ヒント2　長く着ることができるものを買う
ヒント3　処分するときのことも考えてみる	ヒント4　買うと決めたら服のストーリーにこだわる
ヒント5　カスタムメイドでの購入を考えてみる	ヒント6　バザーやフリーマーケットなどで古着を買う
ヒント7　レンタルサービスを利用する	ヒント8　メーカー売れ残り在庫販売での購入も考えてみる

消費者庁「サステナブルファッション習慣のすすめ」による

◇確認問題◇

1 ファッション業界の産業構造として，糸や生地をつくる（ ① ）産業，テキスタイルからアパレル製品を生産し，小売り店舗に商品を流通させる（ ② ）産業，アパレルや服飾雑貨などの商品を消費者（お客様）に販売する（ ③ ）産業がある。

2 アパレル素材産業は，糸をつくる（ ④ ）産業と生地（テキスタイル）を作る（ ⑤ ）産業に分けられる。

3 アパレル製品やバッグ，カーテン，壁紙などテキスタイルの企画・デザイン製造までを行う仕事を（ ⑥ ）という。

4 デザイナーが考えたデザインからコンセプトやシーズンのテーマに合わせて，型，数，色，サイズ，生産数量，価格，販売スケジュールなどを計画し実行する仕事を（ ⑦ ）という。

5 デザイナーとコミュニケーションを取りながら，パターンをつくる仕事を（ ⑧ ）という。

6 若者や健常者以外の高齢者や障がい者の衣服として（ ⑨ ）が生まれた。

7 人や環境，社会にやさしいファッションのことを（ ⑩ ）ファッションという。

8 企業やブランドが企画，製造した商品を自社のECサイトで消費者に直接販売を行う業態を（ ⑪ ）という。

9 ファッション商品の流通のうち，一度市場に出た商品が消費者にわたり，再び販売されることを（ ⑫ ）という。

10 ファッション商品で，購入ではなく，必要な時に都度レンタルする（ ⑬ ）エコノミーというサービスがある。

11 ファッション商品で，定額料金を支払い定期的にレンタルする（ ⑭ ）というサービスがある。

12 ファッションにおいて，時や場所，時間帯に応じて求められる身だしなみ，ルールを（ ⑮ ）という。

① _____

② _____

③ _____

④ _____

⑤ _____

⑥ _____

⑦ _____

⑧ _____

⑨ _____

⑩ _____

⑪ _____

⑫ _____

⑬ _____

⑭ _____

⑮ _____

第**4**章　章末問題

考えよう

1 日本国内に流通する海外生産の商品は，日本国内のアパレル市場において（ア 増加　イ 減少）している。

2 エシカルファッションを積極的に取り組むことにより，①生産者，②環境，それぞれにどのような影響を与えるのか考えよう。

3 ファッション販売分野では，①店舗販売，②無店舗販売（オンラインストアなどの店舗を持たない店舗）がある。それぞれのメリット，デメリットを考えよう。

第5章 住生活関連分野

住まいにかかわる疑問

快適で素敵な家づくりにかかわる仕事には、どんなものがあるのかな？

持続可能な社会をつくるために、どんな住まいや住環境がつくれるのだろう？

建物や住まいのなかのことだけでなく、庭づくりにかかわる仕事も興味があるのだけど。

第1節 住生活にかかわるさまざまな産業

ねらい ●住生活に関連する産業には、どんなものがあるのか理解しよう。

図1 住宅のイメージ

1. 住生活にかかわる産業

　私たちは日常的に、雑誌や広告などでさまざまな住宅やインテリアを見かける。それを見て「こんなところに住みたいな」と憧れの気持ちを抱くこともあるだろう。実際に住宅を選ぶ際は、単なる好みだけではなく、さまざまな角度から住まいについて考える必要がある。省エネルギーや防災、防犯、建材のリサイクルなど、住宅はさまざまな社会的課題とも関連しており、各ハウスメーカーはそれらに対してさまざまな提案を行っている。

＋データ リノベーションコーディネーター　リノベーション協議会が行う検定資格。リノベーションに従事する宅建事業者、建築業者、建築事業者など、リノベーションにかかわろうとしている人が対象の資格。

住生活に関する産業には，大きく分けて，住宅をつくる産業，装飾(そうしょく)に関する産業などがある。将来，住生活関連の仕事や職業に就(つ)くとしたら，どんな知識や経験，資格が必要なのか，この章を通して理解を深めよう。

2. 住まいをつくる産業

　住まいづくりにかかわる産業には，**住宅メーカー**や**設計事務所，工務店**などがある。家をつくりたい人の要望を聞いて**注文住宅**を建てたり，住宅展示場で家の案内をしたり，ショールームでさまざまな設備の展示・紹介をしたりしている。すでに完成している住宅（**建売住宅**や**マンション**）を販売(はんばい)する仕事もある。

　住まいづくりの流れは 図2 のようになっている。住まいをつくる産業で大事にされていることは，その住まいで生活する予定の人が生活しやすい間取(まど)りや広さ，設備について，予算も考慮(こうりょ)しつつ適切な情報やアドバイスなどと共に適切な住まいを提供することである。

　近年は，増加する空き家の再生や，高齢社会に対応した中古住宅の**リノベーション**（大規模改修）に関する仕事などが増加傾向にある。

❶住宅建築の依頼先には，地域の工務店や設計事務所がある。どこに依頼する場合も，これまでにどのような方針でどのような家を建ててきたのかなど，情報を得て納得したうえで依頼すること(いらい)が大切である。

TRY

身近に家を建てたことのある人がいれば，住宅メーカー・事務所・工務店の人とどのようなかかわりがあったか，体験を聞いてみよう。

図2 住まいづくりの流れ

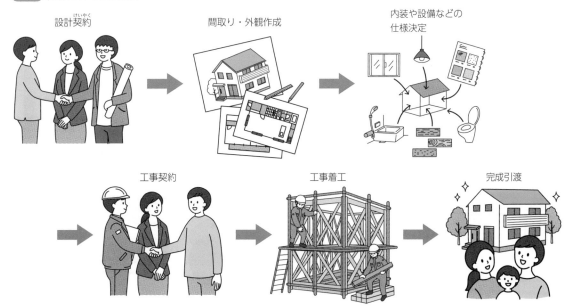

設計契約(けいやく)　間取り・外観作成　内装や設備などの仕様決定

工事契約　工事着工　完成引渡

3. 装飾にかかわる産業

1. インテリアデザイン

インテリアとは，室内装飾のことである。扱うのは，壁紙や床材，家具，照明 図3，カーテンなどの小物・雑貨など，室内空間をデザインするために必要なあらゆるものである。色彩や形，素材感など，インテリアによって部屋の雰囲気は大きく変わり，人の気分も変わる。住生活の質が重視されるようになった現代では，インテリアに関する産業が注目されている。

室内空間のコーディネートにはさまざまなスタイルがある 図4。住む人のライフスタイルや好みに合ったインテリアは，暮らしを豊かに彩るものになる。

図3 照明器具の種類

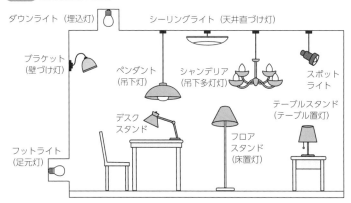

ダウンライト（埋込灯） シーリングライト（天井直づけ灯）
ブラケット（壁づけ灯）
ペンダント（吊下灯） シャンデリア（吊下多灯灯） スポットライト
デスクスタンド
フットライト（足元灯） フロアスタンド（床置灯） テーブルスタンド（テーブル置灯）

照明は室内の雰囲気をつくる大切な要素である。読書・食事・団らんといった空間の役割にふさわしい照明器具や方法がある。

図4 インテリアのスタイル分類例

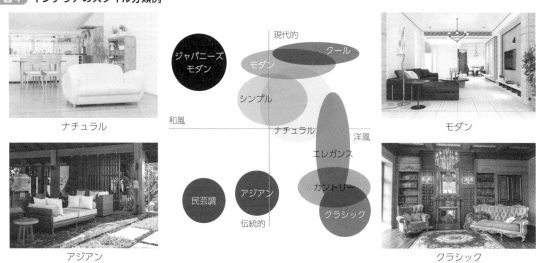

ナチュラル

現代的
ジャパニーズモダン
モダン クール
シンプル
和風 ナチュラル 洋風
エレガンス
民芸調 アジアン カントリー
クラシック
伝統的

モダン

アジアン

クラシック

＋データ 照明デザイナー　明かりのプロフェッショナル。住宅など光を使ってさまざまな空間を演出する。建築物だけではなく，公共施設，舞台演出など照明の「光」を扱って専門性をいかす職業。

2. エクステリアデザイン

インテリアに対し，住宅の外観や外回りに関するさまざまなものを**エクステリア**という。玄関扉や屋根の素材，外装の素材，門や門扉，フェンス，カーポート，物置やデッキ，植栽，生け垣などがエクステリアの範囲である 図5 。統一感のあるデザインとなるよう，まず家の外観を選び，次に全体の調和を考えて門やフェンスを選んでいく。

庭は，家のスタイルに合わせて，どんな植物を植えるか，素材には何を使うかなどによって，和風にも洋風にもつくることができる 図6 。

図5 エクステリア

カーポート

フェンス　デッキ　門扉　植栽

図6 和風の庭と洋風の庭

和風の庭

洋風の庭

和風の庭では松などの樹木と共に，竹垣や石を配置することで，自然や静けさを感じ，落ち着いた印象が見られる。一方，洋風の庭では，シンボルツリーやコニファー（常緑針葉樹）などの雑木を背景に，バラなどの草花と共にレンガを配置するといった特徴がある。

Column

庭にどんな木を植えるか

　庭の樹木は，家の外観や街並みを美しくする。夏は日射を調節し，吹き抜ける風が心地よく，省エネルギーにつながることもある。また外からの視線を遮り，プライバシーも守ってくれる。樹木の種類を選ぶことで，生活がさらに楽しく豊かになることもある。例えば，オリーブ，レモン，梅，キンカン，かりんなど，実のなる樹木を選ぶことで，野鳥がやってきたり，近所の人とコミュニケーションが生まれたり，食べる楽しみなども得られる。一方，大きく成長して根を張る樹木は，剪定などに費用がかかったり，家を傷めたりすることもある。どのくらい大きくなるのか，常緑樹か落葉樹か，どんな形になるのかなども考慮して選びたい。また，手入れについて知識を持つことも大切になる。

庭木としてよく植えられる樹木とその特徴

◆常緑樹
・カイズカイブキ：生垣に適し，視線を遮る
・モクセイ：日陰に耐え，秋に香りの強い白花・黄花が咲く
・ツツジ：植え込みや刈込に適し，春に開花する

◆落葉広葉樹
・アジサイ：日陰，湿地に強く，移植しやすい
・ハナミズキ：シンボルツリーに良いが，西日に弱い
・カリン：果実はジャムや薬用酒などになる，暑さ寒さに強い
・ムクゲ：成長が早く，盛夏に花が咲き，暑さ寒さに強い

アジサイ

コニファー

ムクゲ

 まとめ　●住生活に関連する産業にはどのようなものがあるか理解できた。

第2節 建築にかかわる職業と資格

●建築にかかわる職業にはどのようなものがあるか理解しよう。
●職業によってどのような資格が必要になるのか調べてみよう。

❶監理　住宅などの工事が始まった後，設計図とおりに建てられているかを確認したり，相談に応じたりする業務。

図7　建築士の種類

資格名	扱う範囲
一級建築士	設計できる建築物の制限はなく，すべての建築物を扱うことが可能
二級建築士	個人住宅程度の規模の木造・鉄筋・鉄骨の建築物の設計・工事監理ができる
木造建築士	小規模かつ2階以下の木造建築の設計・工事監理ができる

※学歴要件や実務経験要件が受験資格として定められている。

1. 建築にかかわる職業と資格

1. 建築士

　建築士は，建築物の設計を行い，設計通りにつくられているかを**監理**❶する。測量や地盤調査などの現地調査の結果と，依頼主（施主）の希望やイメージから，どうしたら実現できるかを考え，設計する。さらに，**建築基準法**にのっとり，安全性や耐久性が確保できるように建物の形や使う素材も考慮する。建築士になるためには，国家資格である一級建築士，二級建築士，木造建築士のいずれかの資格を取得する必要がある **図7**。設計事務所や工務店などに所属して働く。

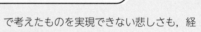

interview　　㈲設計事務所ゴンドラ　建築士　鎌田さん

仕事内容について教えてください。

　駅や商業施設，学校，空港など，公共施設のトイレを設計しています。設計をするにあたり，3つのことを大切にしています。①依頼者の意向，②敷地の場所（周辺環境）・利用者（年齢層や男女比）・清掃者の条件，③設計者がどうしたいか。この3つを具現化するために，イメージ出し・スケッチ・模型作り・打合せを重ねて，依頼者に形・仕上げ・法規・コストなどの合意を得ながら，どんなトイレを作るのかまとめていきます。その後，基本設計として平面図や立面図，断面図などを描き，実施設計に繋げます。実施設計は，空間のもっと詳細なところまで詰めて設計をします。そして工事費を見積もり，施工業者を決めます。工事が開始してからは，施工業者とのやり取りや，必要に応じて補足図面を描きます。最後に検査を行い，完成となります。完成後にも現場へ行き，利用のしやすさや清掃のしやすさ，問題点がないかなどを調査して，次の設計に向けた情報を集めます。

仕事をするうえでの大変なことを教えてください。

　人を説得することが難しいと感じます。仕事はお金が絡むので，「このデザインをやりたい」という気持ちだけでは受け入れてもらえないため，相手を説得するための根拠が必要になります。また，トイレはコストカットの対象になることも多く，予算が足りずに希望のデザインができないこともあります。努力して図面上

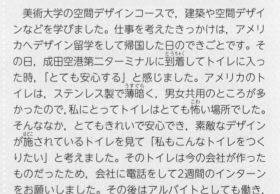

で考えたものを実現できない悲しさも，経験しました。

高校卒業後の進路を教えてください。

　美術大学の空間デザインコースで，建築や空間デザインなどを学びました。仕事を考えたきっかけは，アメリカへデザイン留学をして帰国した日のできごとです。その日，成田空港第二ターミナルに到着してトイレに入った時，「とても安心する」と感じました。アメリカのトイレは，ステンレス製で薄暗く，男女共用のところが多かったので，私にとってトイレはとても怖い場所でした。そんななか，とてもきれいで安心でき，素敵なデザインが施されているトイレを見て「私もこんなトイレをつくりたい」と考えました。そのトイレは今の会社が作ったものだったため，会社に電話をして2週間のインターンをお願いしました。その後はアルバイトとしても働き，大学卒業後に社員として働くことになりました。

高校生へのメッセージ

　私が成田空港のトイレに立ち寄って進路が決まったように，なにがきっかけにつながるかはわかりません。進路にまだ迷っているうちは，道を狭めずに，いろいろなものを見ると，将来へのきっかけにつながることもあると思います。

　データ　**建築施工管理技士**　建設工事に従事する技術者の技術の向上をはかることを目的とした資格。国土交通省所管の技術検定で，試験は年1回，2級の第一次検定のみ年2回実施される。

2. 大工

　大工は建物を建てるうえで必須の職業である。大工になるには，資格や学歴は問われないことが多い。親方のもとに弟子入りして大工の道をめざす方法や，専門学校や大学で建築関連の課程を修了したのち，工務店などに就職してから大工になる方法がある。

3. 左官

　左官とは，土や漆喰❷などの材料をこて❸を用いて壁などに塗る職人のことである。最近は，珪藻土❹や漆喰など天然素材を取り入れる住宅も増えているため，需要が増えている。特別な資格は必要ないが，一定の技能レベルを示すために多くの左官職人は，国家資格である1級左官技能士・2級左官技能士を取得している。試験には学科試験と実技試験があり，受験資格として，1級は7年以上，2級は2年以上の実務経験が必要とされる。3級の受験資格に実務経験は求められない。

4. 塗装業

　塗装には，建築物への塗装（建築塗装），木製の家具や手すりなどへの塗装（木工塗装），車の板金などへの塗装（金属塗装），エアスプレーを用いた塗装（噴霧塗装）など，さまざまな種類がある。元はペンキ職人のことをさしたが，現在は単に色を塗るだけではなく，抗菌，脱臭，防水など，新しい観点でのハイテク塗装が登場している。高い技術が求められ，専門学校などで技術を学んでから塗装会社に就職するか，塗装会社に勤務しながら技術を身につける。

❷漆喰　消石灰が原料で，強いアルカリ成分を持つ壁材。

❸こて　左官が壁を塗るために必須の道具。使い方次第でなめらかな壁にしたり，さまざまな模様を描いたりできる。

❹珪藻土　藻類の一種である珪藻の殻の化石からできた土を固めたもの。

図8　なまこ壁

壁面に平瓦を並べて貼り，瓦の継ぎ目（目地）部分に漆喰を高く盛り上げて塗る工法。盛り上がった漆喰の形状が，海の生き物の「なまこ」に似ていることからその名称がつけられたといわれている。

Column

再び注目を集める漆喰壁などの天然素材

　漆喰は，アルカリ性が強いため，カビが生えにくい。また，ホルムアルデヒドなどの有毒物質を吸着・分解するはたらきもあるため，健康や安全・安心の視点から注目が集まっている。

まとめ
●建築にかかわる職業について理解できた。
●建築にかかわる職業に必要な資格を知ることができた。

第5章　2　建築にかかわる職業と資格

第 3 節 インテリアデザイン・リフォームにかかわる職業と資格

ねらい▶ ●インテリアデザインにかかわる職業にはどのようなものがあるか理解しよう。
●職業によって資格が必要になる場合があることを理解しよう。

1. インテリアデザインにかかわる職業と資格

1. インテリアデザイナー

　家具や布，照明器具，絵画，オブジェなどの小物を使って，内装のデザインを考える職業。住宅や店舗（てんぽ），オフィスなどさまざまな空間のインテリアを対象にする。既製品（きせい）を組み合わせる以外に，オーダー製作でも対応する。日本デザインプランナー協会の認定資格がある。

2. インテリアコーディネーター

　建築士が建物の大枠（おおわく）を設計するのに対し，インテリアコーディネーターは内部の住空間を担当する職業。主に住宅において，家具やカーテン，照明，壁紙（かべがみ），キッチンの設備など，インテリアに関するアドバイスを行う。公益社団法人インテリア産業協会の認定資格がある。

3. インテリアプランナー

　インテリアプランナーは，インテリアや建築に関する専門的な知識をいかして，インテリア設計を行う職業。住宅や店舗，オフィスなどの設計段階からかかわって，インテリアを計画し，具体的に配置する造作家具や照明・設備などを決めていく。建築関連の基礎知識も必要となり，専門性が高い。ハウスメーカーや内装施工（せこう）会社，デザイン・設計事務所などへ就職する人が多い。公益財団法人建築技術教育普及（ふきゅう）センターの認定資格がある。

4. キッチンスペシャリスト

　消費者の要望に合わせたキッチン空間をつくり出すための職業。住む人のニーズを受けて，快適で使いやすいキッチン空間（機能，設備等）を提案し，建築や施工につなぐ。公益社団法人インテリア産業協会の認定資格がある。

TRY
20世紀から現在まで人気の北欧（ほくおう）デザインの代表的な家具や照明を調べよう。

TRY
雑誌やインターネットから気に入ったインテリア写真を探して切り抜き，自分なりのテーマ（コンセプト）を決めてイメージを表現してみよう。

データ　建築CAD検定　一般社団法人建築CAD連盟が実施（じっし）する検定試験。準1級～4級。建築用図面をCADを使って描（か）く技量をはかる。

2. リフォームにかかわる職業と資格

1. 福祉住環境コーディネーター

福祉住環境コーディネーターは，高齢者や障がい者にとって暮らしやすい住環境を提案する職業。具体的には，新築や
5 建て替え，リフォームをする際に，バリアフリーに配慮した設計や設備を提案する。また，福祉用具や介護用品，家具などの選択や利用法のアドバイス，福祉・保健サービスなどの情報提供なども行う。高齢社会において求められる重要な仕事であり，医療，福祉，建築について幅広い知識が必要であ
10 る。東京商工会議所の認定資格がある。

2. マンションリフォームマネージャー

マンションリフォームは，マンション特有の制約条件などに配慮して行うことが必要である。マンションリフォームマネージャーは，トラブルなくスムーズにマンションリフォー
15 ムを実施できるように，関係者を調整しつつマネジメントする職業。公益法人住宅リフォーム・紛争処理支援センターによる認定資格がある。

図9 バリアフリーの例

ユニットバスに手すりをつけた例

階段昇降機の設置例

第5章

3 インテリアデザイン・リフォームにかかわる職業と資格

Column

建築士の1日のスケジュール例

9：00	会社に出勤
10：00	お客様宅などへ移動し，打ち合わせ
12：00	昼食・休憩
13：00	事務所にて設計図を作成
18：00	作業を終え，退勤。 日によって遅くなることもある。

出勤後，最初にメールをチェックし，必要があれば返信などの作業を行う。

依頼主やメーカーや工務店など，打ち合わせ先は複数ある。

打ち合わせで決まった内容から設計図を作成したり，デザインを考えたり，変更したりする。
設計に変更があれば図面を描き直し，スタッフに模型制作を依頼する。完成した模型を確認し，気になるところがあれば修正するという作業を繰り返し，完成形に近づけていく。
その他，建築雑誌をチェックしたり，対応できる業者を調べたりする。

まとめ
●インテリアデザインにかかわる職業について理解できた。
●インテリアデザインにかかわる職業に必要な資格を知ることができた。

第4節 その他の職業と資格

✎**ねらい** ●住生活にかかわるさまざまな職業について理解しよう。
●関心のある職業について必要な経験や資格を調べてみよう。

関連する職業・資格
不動産鑑定士

　住宅やマンション，店舗やオフィスといった不動産の鑑定を行い，金額（適正な価格）を決定する専門家である。国家資格であり，試験の難易度は高い。

関連する職業・資格
宅地建物取引士

　宅建士とも呼ばれる。不動産会社が公正な不動産取引を行うため，宅地建物取引業法により定められた国家資格。不動産取引における重要事項の説明や，重要事項説明書への記名・押印，契約書への記名・押印ができるのは宅建士だけである。試験の難易度はかなり高い。

図10 コミュニケーションロボット

関連する職業・資格
家電製品エンジニア

　製品にトラブルがあった時に適切な診断を行い，修理やセットアップなど必要な処置を行える技術を認定する資格。

1. 住生活にかかわるさまざまな職業・資格

1. 住宅紹介・販売

　家を探している人に住宅やマンションなどの不動産を紹介して，販売する職業。主に住宅メーカーや不動産会社などに就職して，営業担当として仕事をする。住まいを購入しようとする人の疑問や質問に答え，信頼されるような案内ができるには，住まいに関する豊富な知識が求められる。関連する資格に，不動産鑑定士や宅地建物取引士などがある。

2. DIYアドバイザー

　住まいの手入れや補修，改善などを自分たちの手で行い，快適な生活空間をつくっていこうとすることをDIY（Do It Yourself）という。DIYアドバイザーは，DIYをしようとする人たちにアドバイスをしたり，相談にのったりする。主にDIY商品を扱うホームセンターや住生活関連のショップ，DIY関連のメーカーなどで働く。

3. 家電製品アドバイザー

　近年，家電製品は高性能化，多機能化している。こういった家電製品を使いこなせずに悩む消費者に対し，購入・利用のアドバイスをするのが家電製品アドバイザーである。一般財団法人家電製品協会が実施している民間資格がある。家電量販店や家電メーカーなどに就職し，営業やサービスの業務につくことが多い。家庭内のネットワークやロボット**図10**の普及・発達が進むなかで，可能性が広がる分野といえる。

4. 家具職人

　持続可能な社会を求める声が高まるなか，長く使える良質な家具が求められている。イスやテーブルなどの洋家具は海外製品をイメージすることが多いが，国内にも高品質でデザイン性の高い家具の製造・販売をするメーカーがある。家具職人として修理も含めて活躍する道もある。

5

10

15

20

25

30

 　**造園技能士**　国家資格である技能検定制度の一種で，都道府県知事が実施する，造園に関する学科試験および実技試験に合格した者をいう。

5. 庭師

　個人の住宅の庭や公園・オフィスなどの庭園づくりからその維持管理まで，庭師の仕事は幅広い。植物を中心に，庭の地形や水，植生を理解したうえで庭全体の調和を考えながら造園計画を立てる。庭造りや管理に必要なさまざまな技能を身につけることが求められる。景観や人々の癒やしのための場，楽しみの場をつくる職業であるともいえる。

6. ハウスクリーニング技能士

　多忙な生活をおくっている家庭や，掃除を十分にすることが難しい高齢者などを中心に，清掃サービス専門業者の利用が広がっている。ハウスクリーニングの技能は国家検定として認められ，合格した者は技能士として働くことができる。

TRY

住生活に関するさまざまな職業のなかで，自分が気になったものについて，さらに詳しく調べてみよう。

関連する職業・資格
スマートマスター
　スマートハウスのプロフェッショナルを目指す資格。

図11 **国産のデザイン性の高いイス**

図12 **庭師**

interview

HOLTO　家具職人　布田さん

家具職人の仕事について教えてください。
　個人や企業から依頼された家具をつくっています。仕事の流れとしてはまず，依頼者に家具の種類やデザイン，家具を置く場所の内装などを確認します。その後，内装に合った材料を選んだり，家具のデザインを考えたりします。デザインが決まったら，小さいスケールの模型をつくって依頼者に見せ，修正箇所やデザインなどの要望を聞きます。その後，実物の製作を始めます。完成後に依頼者のもとへ家具を届けたときに喜んでもらえると，とてもやりがいを感じますね。

仕事をするうえでの強みは何ですか？
　私は，使う木の性質を見ながら寸法を決めていくのが得意です。木は生きていて動くので，自分の思い通りにはいきません。また，他の家具屋さんは「デザインに合った木」を選びますが，私は「木を見てデザインを考える」タイプです。木を選ぶことはせず，木の悪いところも生かしながら，デザインを考えています。

高校卒業後の進路を教えてください。
　秋田県の山奥で生まれ，幼いころから身近にある木が好きでした。木を生かせる仕事がしたいと思い，高校生のころから家具職人になりたいと考えていました。そのため，高校卒業後は専門学校へ進み，図面やデザイン，建築について学びました。卒業後は仕事をしながら，家具店を開くための資金を貯めました。その後，1年ほど大工として働き，32歳ごろに起業しました。大工をしていたころ，木の見方や図面の描き方などを教わったので，その教えは家具づくりにも生きています。

これからの目標を教えてください。
　私はくぎやビスを使わず，木の力を利用して家具をつくるスタイルなので，このスタイルを曲げずに続けていきたいと思っています。また，仲間と協力して，お店がある周辺の店舗の内装などをすべて木にして，「木の町」として地域活性化に貢献したいと考えています。

高校生へのメッセージ
　なにか物事を行うと，よくも悪くも将来に影響があります。後で結果が返ってくると思うので，今やっていることを楽しんだり，今の友達を大切にしたりしてください。

まとめ
●住生活にかかわるさまざまな職業について理解できた。
●関心のある職業に必要な経験や資格を知ることができた。

第5節 住生活・住まいの変化

ねらい
- ●住生活や住まいはどのように変化してきたのか理解しよう。
- ●時代を反映した新たな取り組みについて理解しよう。

図14 間取りが変更できるマンションの例

1 LDK

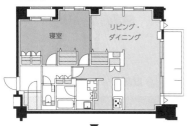

2 LDK

3 LDK

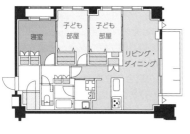

1. 住まうとは

住まいは「生活の器」であるといわれる。住生活は，個人や家族の快適・安全・安心に深くかかわり，生活の質に大きな影響を与えるものである。それぞれのライフスタイルや，個人や家族の価値観を大切にしながらつくりあげていくものといえる。

また，ライフステージによっても求める住生活は変わってくる **図13**。例えば，子どもがいる場合はその年齢によって，住む場所や必要な住まいの大きさ，間取りなどが異なる。家族の年齢や人数によって住み替えたり，リフォームを行ったりすることで暮らしやすい住まいへと変えていくことが求められる **図14**。

図13 ライフステージに応じた住まい方の例

結婚子育て期
子どもが0歳〜12歳くらい

区画された細かい部屋より寝室も含め家族が一緒に居られる部屋が欲しい。
LDKを広く欲しいので寝室は2階にする。

子育て期
子どもが12歳〜18歳くらい

子供に独立心が生まれてきたり静かに集中して勉強できる個室が欲しくなる。

子どもが独立
子どもが進学や就職，結婚などで別居

細かく区画された個室はいらなくなり，二つに区切った子供室は一つに広く使いたい。

ライフステージに合わせた暮らし方の変化

高齢期・中期〜後期
家の中を動くのに人の手助けが欲しくなってきて，1階だけですべて生活したくなる。スロープや段差のない生活，人の手助けを受けやすい広さの出入口やトイレ，風呂が欲しい。

高齢期・初期
だんだん身体機能が低下してくるので家の中に手すりが各所に欲しくなってくる。家の中の照明もできるだけ明るくしたい。

退職・壮年期
夫婦で家に居る時間が長くなり趣味など家で楽しむ時間をお互いが欲しくなる。

建設業経理士・経理事務士 一般財団法人建設業振興基金が行う建設業経理検定試験とは，建設業経理に関する知識と処理能力の向上をはかるための資格試験。

持続可能性の視点が大切になっている今，省資源，省エネルギー，環境共生，人と人とのつながりを含めたまちづくりなどが世界的課題となっており，解決に向けた取り組みが求められている。建築工法や住宅内外で使用する材料についても，価格の安さや見た目だけで考えるのではなく，原料の調達から廃棄にいたるまでの環境配慮，人の健康や安全を大切にする，という考えが重視されている。また，住生活の質を高めることは住まいの性能を高めることであるともいえる。**住宅の品質確保の促進等に関する法律**❶にもとづいた**住宅性能表示制度**では，10分野について基準が示されている 図16 。

住生活の質の向上への関心を高めることは，個人の生活の豊かさにつながると同時に，地球規模の課題解決にもつながっている。住生活関連業界においても，さまざまな視点から工夫された，持続可能で魅力ある住生活への提案がなされている。

❶住宅の品質確保の促進等に関する法律
1999年公布。品確法ともいう。住宅の性能に関する表示基準およびこれにもとづく評価制度を設け，住宅にかかる紛争の処理体制を整備するとともに，新築住宅の瑕疵担保責任について定めている。これにより，住宅の品質確保の促進，住宅購入者等の利益の保護および住宅にかかる紛争の迅速かつ適正な解決をはかっている。

図15 **住宅性能評価マーク**

第一号様式(第二条関係)

設計 性能評価

第二号様式(第二条関係)

建設 性能評価

図16 **住宅性能表示制度で示されている10分野の評価項目**

①構造の安定に関すること
②火災時の安全に関すること
③劣化の軽減に関すること
④維持管理・更新への配慮に関すること
⑤温熱環境に関すること
⑥空気環境に関すること
⑦光・視環境に関すること
⑧音環境に関すること
⑨高齢者への配慮に関すること
⑩防犯に関すること

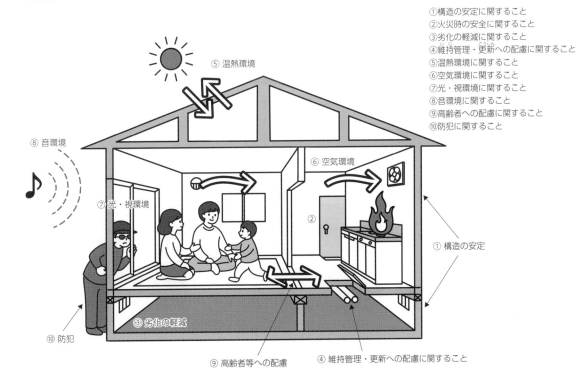

⑤ 温熱環境
⑧ 音環境
⑥ 空気環境
⑦ 光・視環境
②
① 構造の安定
③ 劣化の軽減
⑩ 防犯
⑨ 高齢者等への配慮
④ 維持管理・更新への配慮に関すること

東京都住宅政策本部による

103

❶DINKS Double Income No Kids の略。子どものいない共働き夫婦のこと。

❷DEWKS Double Employed with Kidsの略。子どものいる共働き夫婦のこと。

❸拡大家族 夫婦と子どもからなる核家族と，その子どもがつくった核家族が同居している家族。

図17 昭和の茶の間

畳敷きで，家族でちゃぶ台を囲んで食事をしていた。

図18 洋風のリビング

図19 ちゃぶ台のアップサイクル

2. 伝統的住生活から現代まで
〜ライフスタイルの変化〜

　日本の伝統的な住生活は，畳の部屋でちゃぶ台や座卓を使い，座布団に座るような和風の住まい方である 図17 。徐々にイスなどの家具を使う洋風の住まい方 図18 が普及し，現代の家庭では，洋風と和風の良いところを上手に取り入れた折衷型も多く見られる。

　畳の部屋は子育て世帯に好んで取り入れられている。遊びや昼寝など多目的に使える，転んだ時に危険が少ないなどの理由からである。

　日本は戦後の復興期から高度経済成長期にかけて，都市に多くの人口が集中し，団地などの集合住宅が多く建設された。そこでは夫婦と子どもからなる核家族が生活し，その多くは専業主婦の世帯であった。現代社会では，核家族化が進み，DINKS❶やDEWKS❷ と呼ばれる共働き世帯が増加している。拡大家族❸は減少し，親世帯と子世帯は2世帯住宅や近所に住むスタイルを選択することが多くなっている。また，単身世帯も増加している。

ちゃぶ台が乗るように台をつくり，テーブルにリメイクした。現代の住まい方に合わせて，使い続けられるよう工夫した例。

ものづくりマイスター ものづくりなどに関して優れた技能，経験を有する方を厚生労働省「ものづくりマイスター」として認定・登録し，中小企業や学校などで実践的な実技指導などを行う。

3. 新たなライフスタイル

　共働きの増加により，利便性や家事のしやすさ，動線の良さなどが，住まいに求める条件として重要になっている。

　また，2020年代前半に流行した新型コロナウィルス感染症の拡大は人々の生活に大きな変化を与えた 図20 。それは，住まいや暮らし方に対してもいえることである。例えば，**在宅勤務**のための空間 図21 や，外から帰ったらリビングに入る前に手洗いができるような間取り 図22 も提案されている。さらに，防音性や遮音性への関心も高まっている 図23 。

　在宅勤務の拡大により，都心から郊外の広い住まいへの転居も可能となり，企業によっては地方への移転をすすめるなど，多様な働き方も広がった。自然の豊かな地方で，空き家を再生して**職住近接**❹のゆとりあるライフスタイルを実現するなど，さまざまな可能性が広がっている。

❹職住近接　職場と住居の距離が近いこと。

図21 **在宅勤務のための空間**

仕事をする空間をつくる「箱の間」
国産材を使用してつくられている。

図22 **玄関から入ってすぐに手を洗える家**

図23 **防音効果のある窓**

内窓を設置することで，防音と断熱，両方の効果が得られる。

図20 **新型コロナウイルス感染症拡大による求める住宅の条件の変化**

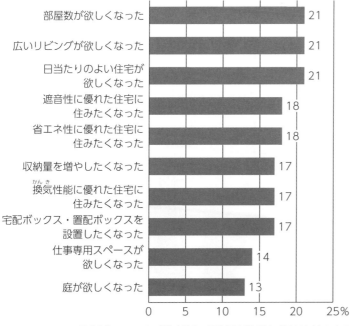

条件	割合
部屋数が欲しくなった	21
広いリビングが欲しくなった	21
日当たりのよい住宅が欲しくなった	21
遮音性に優れた住宅に住みたくなった	18
省エネ性に優れた住宅に住みたくなった	18
収納量を増やしたくなった	17
換気性能に優れた住宅に住みたくなった	17
宅配ボックス・置配ボックスを設置したくなった	17
仕事専用スペースが欲しくなった	14
庭が欲しくなった	13

株式会社リクルート「『住宅購入・建築検討者』調査（2020年）」による

●住生活や住まいの変化を理解できた。
●時代を反映した新たな住まいの取り組みを理解できた。

第6節 住まいをめぐる課題

●住まいに関する現代の課題について理解しよう。
●新たに知った取り組みについて，身近な例を調べてみよう。

ねらい

1. 高齢社会と住環境

❶高齢化率　総人口に占める65歳以上の人口の割合。

❷バリアフリーデザイン　高齢者や障がい者のための障壁（バリア）をなくす特別なデザイン。

❸ユニバーサル・デザイン　みんなのためのデザインであり，だれにとっても安全で使いやすいデザインのこと。

❹バリアフリー法　高齢者，障害者等の移動等の円滑化の促進に関する法律。2006年に施行，2021年に改正された。

　少子高齢社会が進展し，**高齢化率**❶が高くなっている今，**バリアフリーデザイン**❷や**ユニバーサル・デザイン**❸が求められている。

　住まいの内部では，家庭内事故の危険を減らすため，安全性を確保するための対応が広がっている。玄関や浴室，トイレ，階段などに手すりを設置したり，部屋ごとの温度差によるヒートショックを防止するため，住まい全体の断熱性を高めたりすることも大切な課題である。

　高齢社会に対応した住環境は，**バリアフリー法**❹の施行により，住宅だけでなく，公共施設などにおいても急速に普及している。

Column

高齢者の特性と住まい・住生活の配慮

　高齢者の住まいにおいては，段差をなくす，手すりをつけるなどの配慮と共に，照明も重要な役割を持つ。白内障や加齢黄斑変性症といった，眼に関する病気などにより，高齢になると全体的にものが見えづらくなることが多い。例えば視界が黄色っぽくぼやける，まぶしさを感じやすい，視野が狭くなったりゆがんで見えたりする，などさまざまな症状がでてくる。

　若い世代の感覚だけで部屋のインテリアデザインを行い，照明に白熱電球色や間接照明ばかりを取り入れた結果，高齢者にとっては，ものが見えにくい，疲れやすいなどの問題が起こることもある。個人の特性や年齢（ライフステージ）を考慮したインテリアデザインは重要である。

　また，高齢になると暑さ寒さを感じにくくなる。一方で温度変化に弱く，脱水症や熱中症になりやすい。そのため，冷暖房など室内環境を調整するための計画も重要になる。

正常な見え方

白内障の見え方例

加齢黄斑変性症の見え方例

　色彩検定　公益社団法人色彩検定協会が実施する検定試験。色の基礎から，配色技法（色の組み合わせ方），専門分野における利用などの知識を身につけることができる。

2. 住まいの安全・健康

　健康意識の高まりから，住生活における安全への関心も高まっている。室内環境に関連しては**シックハウス症候群**への注意が大切である。シックハウス症候群とは，化学物質などで汚染された室内の空気によってさまざまな体調不良を引き起こすことをいう 図24 図25 。原因となる建物の外に出ると，症状がなくなる，または軽くなることが特徴である。しかし，症状が悪化すると，あらゆる化学物質に反応してしまう**化学物質過敏症**になることもある。

　室内の空気を汚染し環境を悪化させる原因にはさまざまあり，二酸化炭素，ダニの死骸（アレルゲン），ハウスダスト，カビ，細菌，ホルムアルデヒドなどの揮発性の化学物質が考えられる 図26 。

　シックハウス症候群による体調不良を具体的に見ると，多様であることがわかる。近年では，各住宅建材メーカー，キッチンメーカーなどで研究が進められ，化学物質が放散しにくい建材などの商品が開発されている。しかし，まだ十分ではないこともある。室内空気の改善には，建材だけでなく家具やカーテンなどの素材を選ぶことと共に，換気が最も大切であることを理解しておきたい。

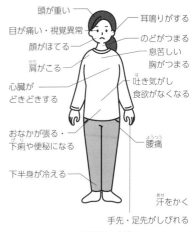

図24 シックハウス症候群による体調不良

- イライラしておこりっぽくなる
- 頭が重い
- 目が痛い・視覚異常
- 顔がほてる
- 肩がこる
- 心臓がどきどきする
- 耳鳴りがする
- のどがつまる
- 息苦しい
- 胸がつまる
- 吐き気がし食欲がなくなる
- おなかが張る・下痢や便秘になる
- 腰痛
- 下半身が冷える
- 汗をかく
- 手先・足先がしびれる
- 全身が慢性的に疲労

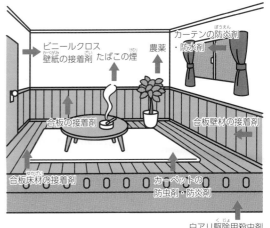

図25 シックハウス症候群の原因となりうるもの

- ビニールクロス壁紙の接着剤
- たばこの煙
- 農薬
- カーテンの防炎剤・防水剤
- 合板の接着剤
- 合板壁材の接着剤
- 合板床材の接着剤
- カーペットの防虫剤・防炎剤
- 白アリ駆除用殺虫剤

図26 規制対象の化学物質

	化学物質	主な発生源
1	ホルムアルデヒド	建材などに使われる接着剤や防腐材
2	アセトアルデヒド	防腐材，たばこの煙など
3	トルエン	接着剤や塗料の溶剤・希釈材，ガソリン
4	キシレン	合板の塗装，カーテンの難燃剤など
5	パラジクロロベンゼン	衣類用防虫剤，トイレの芳香剤など
6	エチルベンゼン	一般塗料や合板などの難燃剤
7	スチレン	樹脂や合成ゴム，断熱材など
8	クロルピリホス	シロアリ駆除剤

	化学物質	主な発生源
9	フタル酸ジ-n-ブチル	顔料や塗料，接着剤
10	テトラデカン	石油，灯油に含まれる炭化水素の一種
11	フタル酸ジ-2-エチルヘキシル	壁紙，床材，各種フィルムなどの可塑剤
12	ダイアジノン	有機リン系の殺虫剤の有効成分
13	フェノブカルブ	害虫駆除剤，防アリ剤
14	ノナナール	香料

注）1，8は建築基準法の規制対象物質。1，3，4，6，7は住宅性能表示対象物質。14は室内濃度値指針案。
厚生労働省「室内濃度指針値（平成31年）」による

3. 環境問題と住まい

　地球温暖化などの気候変動への対応として，省エネルギー化がますます重要になっている。現代の住生活は，ストーブやエアコンなどの暖冷房の使用によって快適になっている一方，大量の資源やエネルギーを消費している。冷房を使用するときにも，断熱性の低い住宅は冷房の効率が悪く，多くの電気を消費する。住まいの省エネルギー化は大きな課題であり，経済産業省や環境省も，**ZEH**❶をはじめとした省エネルギー住宅に力を入れている。

　住宅の省エネルギー対策において，最も重要なのが**断熱**である。住宅の暖冷房で使用されるエネルギーの多くは，断熱性の低い窓や壁から熱が出入りすることにより無駄になっている。北海道などの寒冷地では二重窓などが普及しているが，温暖な地域の住まいでは，断熱性が不十分なケースも多い。

❶**ZEH**　net Zero Energy Houseの略。「エネルギー収支をゼロ以下にする家」という意味。家庭で使用するエネルギーと，太陽光発電などでつくるエネルギーをバランスして，1年間で消費するエネルギーの量を実質的にゼロ以下にする家のこと。

Column

**断熱性を高めた
ソーラーシステムの住まい例**

　屋根で太陽熱によって温められた空気を集め，給湯に使うしくみで，初夏からほぼ毎日300リットルの熱いお湯を使うことができる。冬は，太陽熱を床暖房として使う。東京都内でも窓は複層ガラスにすることで，家の断熱性を高くしている。

　内装には木を使い，庭にも樹木があるため，昼間は窓とブラインドを閉めて外気を遮断すると，室温は外よりも5℃以上低く，夏でも扇風機で過ごせることが多い。夕方以降，外気温が室内温度より低くなると，窓を開けて外気を入れ，うち水をする。

　住まいの断熱性と住まい方の両方の工夫が，省エネルギーには効果的である。

住宅の室内外の温度表示盤

リビングから外を見た風景

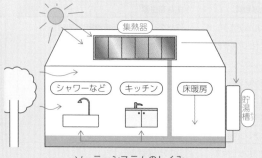

ソーラーシステムのしくみ

OMソーラーより作成

➕**データ**　**重機オペレーター**　工事現場などで必要な重機を操作する職業。重機ごとに必要な資格が異なるため，仕事内容や扱う重機によって取得すべき資格が変わる。

地球温暖化のほかに，環境問題として大きな課題となっているのが，**プラスチックゴミ**の問題である 図27 。漁網などに絡（から）まって死ぬウミガメや，海に漂（ただよ）うレジ袋をエサとまちがえて食べたことによる消化不良で死んでしまう魚などが問題になっている。また，海に漂う大量のプラスチックは紫外線（しがいせん）でバラバラになるが，分解されることなく**マイクロプラスチック❷**となって海に広がり，海の生物だけでなく人間の体内でも見つかっている。

　廃棄（はいき）しても自然にかえることや，**カーボンニュートラル❸**といった点からも，建築材料にできるだけ木材を使うという動きがある。また，外国産木材や石油系のプラスチック素材をできる限り使わず，「近くの山で採れる木材を使おう」という動きも各地で進められている Column 。学校などの公共施設（しせつ）に国産材を使う取り組みも広がっている。

❷**マイクロプラスチック**　サイズが5mm以下の微細なプラスチックごみのこと。

❸**カーボンニュートラル**　気候変動（地球温暖化）の原因となるCO_2は，ものを燃やすときに発生する。しかし，木材は成長段階でCO_2を吸収しているため，燃やしてもCO_2が増加したことにはならないという考え方。

図27 **プラスチックゴミ**

Column

木材の地産地消

　近年では，地元の木材を取り入れた学校づくりも進められ，豊かな学習環境づくり，教材としての活用にも取り組まれている。

文部科学省「全国に広がる木の学校〜木材利用の事例集〜」による

地元の木材を使うことの利点
・日本の森林の多くを占める人工林の手入れを促（そく）進することになり，森の荒廃（こうはい）を防ぐことができる。
・地域の林業を守ることにもなり，地域活性化にもつながる。
・木材輸送のためのエネルギーを削減（さくげん）することができる。
・木のやわらかく温かみがある感触（かんしょく）や調湿（ちょうしつ）効果により室内環境が向上する。

　広島県の小中一貫校（いっかんこう）では，既存（きそん）の中学校校舎の敷地（しきち）に併設（へいせつ）して木造の校舎が建築された。鉄筋コンクリート造の中学校校舎と比較して①冬場の室温が5℃程度高い，②ストーブをつけた後，教室が暖かくなるのが30分程度と早く，また，その状態が長く保たれる，③床の温度と室温の差が小さく，足が冷えずに快適，などの声が上がっている。
　なお，校舎には，長さ14mの梁（はり）を採用した広々とした多目的ホールを設けるなど，小中一貫校としても使い勝手のよい施設となった。

4. これからの住まいづくり

　現在の住まいの課題を解決し，これからの住生活をより快適で豊かなものにするためにはどのような取り組みがあるのだろうか。これまで見てきたことに関連する，さらに多様な取り組みを見てみよう。

1. 省エネリフォーム

　資源の少ない日本では，地球温暖化問題と共に，エネルギー問題の解決は大きな課題である。国や自治体においても，補助金などを用意して，さまざまな省エネリフォームを促す施策が行われてきた 図28 。住まいは多くのエネルギーを消費することを理解したうえで，暮らし方を工夫すると同時に，断熱性や設備の効率を上げるなど，住まいの性能を高めることに関心を持って取り組むことが求められる。

図28 **省エネリフォーム補助金事業**
2050年カーボンニュートラルの実現に向けて，家庭での省エネをさらに推進するため，国や自治体においてもさまざまな取り組みが行われている。そのなかでも，住宅の断熱性の向上を支援する以下の補助事業が，経済産業省と環境省で行われている。

先進的窓リノベ事業

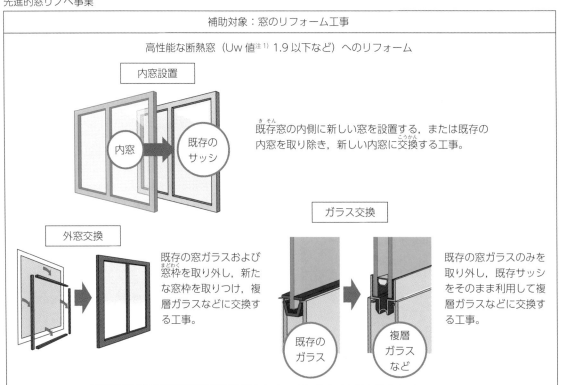

補助対象：窓のリフォーム工事

高性能な断熱窓（Uw 値注1) 1.9 以下など）へのリフォーム

内窓設置
内窓 → 既存のサッシ
既存窓の内側に新しい窓を設置する，または既存の内窓を取り除き，新しい内窓に交換する工事。

外窓交換
既存の窓ガラスおよび窓枠を取り外し，新たな窓枠を取りつけ，複層ガラスなどに交換する工事。

ガラス交換
既存のガラス → 複層ガラスなど
既存の窓ガラスのみを取り外し，既存サッシをそのまま利用して複層ガラスなどに交換する工事。

注1）窓の断熱性を比較する指標である熱貫流率（U値）の表記。
注2）2023年6月時点の事業内容。

 **データ** **若年者ものづくり競技大会** 職業能力開発施設，工業高等学校などにおいて技能を習得中の若年者（原則20歳以下）であり，企業などに就業していない者を対象とした技能競技大会。

2. 素材や伝統的なデザインの活用

高度経済成長期以降の日本の住まいでは，石油系の素材を含む材料が使用されてきた。しかし，近年では生活の質の向上や環境問題への対応から，住まいや施設などの建物で国産材を使ったり，和の伝統文化を取り入れたりするデザインが広がっている 図29 。

3. 古民家・空き家の活用

住宅を壊すと，大量の廃棄物が生まれ，大きな環境負荷がかかる。そのため，新築するのでなく，リノベーションを行う取り組みも広がっている 図30 。空き家や古民家をリノベーションして，地域を丸ごと美術館・博物館にして町おこしをしている地域もある。また，カフェや店舗，シェアハウスなど，多様な人々の居場所づくりに，リノベーションした古民家を利用するなどの取り組みが全国各地に広がっている 図31 。

図30 住宅のリノベーション例

図29 素材やデザインにこだわった施設

保育園で木を多く使い，障子や畳の空間を取り入れたデザイン例

図31 古民家の活用例

古民家を店舗に利用（越谷市）

古民家と北欧名作家具で地域おこし（「フリッツ・ハンセン島」，香川：本島）
写真提供：Nacasa & Partners Inc. FUTA Mariishi

古民家を利用した美容室（大阪市）

まとめ
●住まいに関する現代の課題について理解できた。
●住まいの取り組みについて，身近な例を知ることができた。

TOPIC
「空き家」を使って, 魅力的な街づくりに挑戦

空き家問題が地域に及ぼす影響とは

空き家の増加は, 社会問題になりつつある。手入れのされなくなった家屋が倒壊しそうになったり, 防災・防火などの面で地域に悪影響を与えている。

自分の住む地域での空き家事情を調べ, 利活用のアイデアを提案してみよう

日本で9番目に空き家率が高い山口県では, 「Yamaguchi　空き家ナビ」や「空き家利活用事例集～リノベーションストーリーズ in やまぐち」を作成し, 空き家を利活用して住宅や店舗などとした事例や, 空き家の利活用にかかる手順などを紹介している。

自分の住んでいる地域にも, 空き家問題に取り組んでいる行政や団体がいるだろう。空き家利活用を促進するアイデアコンテストなどに挑戦するなど, 地域の課題に取り組んでみよう。私たちのアイデアが, 地域の空き家問題を解決するかもしれない。

取り組み例

2019年に山口県宇部市の「ごみ減量アイデアコンテスト」で空き家を利活用したアイデアが優秀賞を受賞した。ごみ問題と空き家問題を取り入れた, 「常設ごみステーション」は, 管理を地域の高齢者に任せることで, 高齢者の憩いの場ともなり, 地域の子どもの見守り機能も取り入れた高校生のアイデアである。

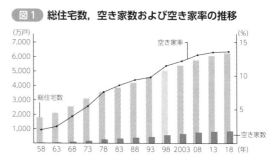

図1　総住宅数, 空き家数および空き家率の推移

総務省「住宅・土地統計調査（令和元年）」による

図2　Yamaguchi　空き家ナビ, 空き家利活用事例集～リノベーションストーリーズ in やまぐち

空き家のイメージ模型

空き家の間取り

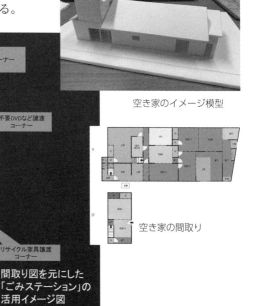

間取り図を元にした「ごみステーション」の活用イメージ図

112

◇確認問題◇

① 住まいづくりにかかわる産業には，（ ① ）や（ ② ），（ ③ ）などがある。

② 住宅には，家をつくりたい人の要望を聞いて建てる（ ④ ）住宅と，すでに完成している（ ⑤ ）住宅やマンションがある。

③ 近年は増加する空き家の再生や，高齢社会に対応した中古住宅の（ ⑥ ）（大規模改修）に関する仕事が増加していく傾向にある。

④ インテリアとは（ ⑦ ）のことであるが，住宅の外観や外回りに関するさまざまなものは（ ⑧ ）という。

⑤ 住宅の設計を行い，設計通りに住宅がつくられているかを監理する（ ⑨ ）の種類には，一級，二級，木造があり，いずれも（ ⑩ ）資格である。

⑥ 高齢者や障がい者にとって暮らしやすい住環境を提案する仕事を（ ⑪ ）コーディネーターという。

⑦ 住まいの手入れや補修，改善などを自分たちの手で行い，快適な生活空間をつくっていこうとすることを（ ⑫ ）という。

⑧ 住生活は，個人や家族の快適・安全・安心に深くかかわり，生活の質に大きな影響を与えるものであり，それぞれのライフスタイルや個人や家族の価値観を大切にしながらつくりあげていくものとして（ ⑬ ）であるといわれる。

⑨ 家族の年齢や人数によって住み替えたり，リフォームを行うなど（ ⑭ ）に合わせた暮らし方の変化が求められる。

⑩ 1999年に公布された（ ⑮ ）は品確法ともいわれ，住宅の性能に関する表示基準およびこれにもとづく評価制度を設け，住宅にかかる紛争の処理体制を整備するとともに，新築住宅の瑕疵担保責任について定めている。

⑪ 家庭で使用するエネルギーと，太陽光発電などでつくるエネルギーをバランスして，1年間で消費するエネルギーの量を実質的にゼロ以下にする家のことを，（ ⑯ ）という。

① _____

② _____

③ _____

④ _____

⑤ _____

⑥ _____

⑦ _____

⑧ _____

⑨ _____

⑩ _____

⑪ _____

⑫ _____

⑬ _____

⑭ _____

⑮ _____

⑯ _____

第5章 章末問題

考えよう

① 10年後の家族の年齢などを考え，快適に暮らすためのリフォーム案を現在の自宅の間取りから考えてみよう。

② 増加する空き家などの利活用を考え，持続可能で魅力ある住生活への提案をSDGsの面から提案してみよう，

③ 感染症予防を意識した住まいづくり，住空間を考えてみよう。

第6章 ヒューマンサービス関連分野

どんなイメージを持っている??

ヒューマンサービスの「ヒューマン」ってだれのこと？

ヒューマンサービスの仕事に就くにはどうしたらいいの？資格があったほうがいいのかな？

ヒューマンサービスは困っている人を助ける仕事なの？

高校生もヒューマンサービスの現場を見学したり，体験したりできるのかな？

第1節 高齢者にかかわる産業

📎 **ねらい** ●高齢者の生活（衣食住）を支えるためにどのような産業があるか理解しよう。

Column

高齢者の見守りサービス

無線通信機を内蔵した電気ポット。電気ポットの使用状況が遠くで暮らす家族にメールで届くため，高齢者の生活リズムや体調の変化を知ることができる。(→巻末)

1. ヒューマンサービスとは

　ヒューマンサービスとは，私たちの生活を維持したり，より豊かにしたりするために，専門職を中心とする人がサービスの担い手となって人に提供するサービスをいう。私たちの身の回りのヒューマンサービスを考えてみると，保育所や高齢者・障がい者の施設，病院，学校などさまざまな分野がある。このようにヒューマンサービスは私たちの身近なところにあり，誰もが多かれ少なかれかかわっているサービスであるといえる。

➕ **データ** 　**介護食士**　介護食士は，内閣総理大臣認定・公益社団法人全国調理職業訓練協会が，介護に携わる方たちの調理技術を向上させる目的で設けた認定資格制度で，公益事業として認定されている。

2. 高齢者に関するサービス

1. 高齢者をめぐる状況

日本は世界的に高齢化の進んだ国であり、高齢者に関する産業は大きな市場を形成している。高齢者＝介護が必要な人ではなく、多くの高齢者は、人の手を借りずに生活している。このように、さまざまな状況にいる高齢者が健康を維持し、社会参加を促進することにより生きがいを持ち、安心して最期まで自分らしく生きることができる社会を確立しなければならない。

2. 衣生活に求められるサービス

気に入った服を着たい、自分をきれいに見せたいという思いは、高齢者も同じように持っている。高齢者には加齢に伴う身体的変化が生じる❶ため、そのような変化に合わせて、着脱しやすく、おしゃれを楽しめる**ユニバーサル・デザイン**の衣服が求められている。
▶p.87

3. 食生活に求められるサービス

噛んだり飲み込んだりする力が弱い人向けに、ソフト食やとろみ調整食品などの**介護食**が流通している。高齢者にとって食べやすく、バリエーションもある介護食は重要な食材といえる。また、食事の準備やかたづけが大変な時、栄養バランスが気になる時など、**食事宅配サービス**を求めている人は多い 図1 。医療や介護の在宅化と、家庭での調理の省力化を背景に、食事宅配サービスの市場は拡大している。

4. 住生活に求められるサービス

日常生活全般に介護が必要となると、特別養護老人ホームや介護付き有料老人ホーム等への入所が選択肢の一つとなる❷。また、住み慣れた自宅を**バリアフリー化** 図2 し、自宅で介護を受けながら最期を迎えることを希望する人も多い。

❶肩関節の可動域が狭くなる、手指のしびれや変形、膝関節の変形による歩行困難、視力の低下など。

❷その他、高齢者向けの住まいとして、住宅型有料老人ホーム、サービス付き高齢者向け住宅、シニア向けマンションなどがある。高齢者向けの公営住宅もあり、緊急通報ボタンが配置されるなど、設備面の配慮がなされている。

図1 **食事宅配サービス**

栄養に配慮した食事を自宅まで届けるサービス。普通食・塩分などの制限食・介護食などが選択できる。食事の形態は常温・冷蔵・冷凍などがある。

図2 **バリアフリー化の例**

▶階段

手すり取りつけ
足元灯取りつけ
階段昇降機
滑り止めカーペット取りつけ
滑り止めのための表面加工

▶ろう下

ドアを引戸に取替え
足元灯取りつけ
床材の変更
ろう下に手すり取りつけ
敷居をなくす

まとめ　●高齢者の生活（衣食住）を支える産業について理解できた。

第2節 障がい者にかかわる産業

 ●障がい福祉サービスの規模や種類を理解しよう。
●障がい者の身体機能を補う，代替する製品を理解しよう。

❶内閣府「障害者白書（令和5年版）」
による

❷身体障がいにおける施設入所者の割合
1.7％，精神障がいにおける入院患者
の割合4.7％，知的障がい者における
施設入所者の割合は12.1％。
内閣府「障害者白書（令和5年版）」
による

❸職場体験などの機会の提供，就労に必
要な知識や能力の向上のための訓練，
求職活動に関する支援を行う。

❹入浴や排せつ，食事などの介護と創作
的活動，生産活動（軽作業）の機会の
提供などを行う（▶p.122）。

❺正式名称「障害者の日常生活及び社会
生活を総合的に支援するための法律」
2012年6月公布，2013年4月施行。

1. 障がい児・障がい者にかかわる産業

　日本には身体障がい者436.0万人，知的障がい者109.4万
人，精神障がい者614.8万人が暮らしている。重複障がい者
もおり単純な合計にはならないが，国民のおよそ9.2％には
何らかの障がいがある❶。

　障がい者の施設への入所割合は低く❷，在宅で家族と共に
暮らす人，賃貸住宅で一人暮らしをしている人，グループホー
ムで暮らす人などがいる。就労していない人は，昼間は障が
い福祉サービスの就労移行支援・継続支援事業所❸や生活介
護事業所❹などに通っている。

　障がい福祉サービスの利用者数は増加傾向にあり，障がい
福祉サービス関係予算は，5380億円（2007年度）から1兆
5079億円（2023年度）と，約3倍に増加している 図3 。

2. 福祉用具にかかわる産業

1. 補装具

　障害者総合支援法❺にもとづき，障がいがある人は損なわ
れた身体機能を補完・代替する補装具 図4 の給付を受ける
ことができる。種目・種類は広範囲にわたっており，市場規
模は制度改正の影響を受けながら，ゆるやかに成長している。

図3 障がい福祉サービス関係予算

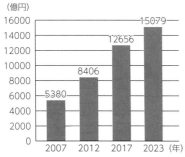

厚生労働省「障害保健福祉関係予算」による

図4 補装具

以下，3つの要件を満たすものを補装具という。
①身体の欠損または損なわれた身体機能を補完・代替するもので，障
　がい別に対応して設計・加工されたもの。
②身体に装着（装用）して日常生活または就学・就労に用いるもので，
　同一製品を継続して使用するもの。
③給付に際して専門的な知見（医師の判定書または意見書）を要する
　もの。

大腿義足

靴型装具

  義肢装具士　義肢装具士は医師の処方に従い患者の採型や採寸を行い，これを元に義肢装具を製作し
て，病院などで適合を行うことができる。

2. 情報，意思疎通を補完する用具

聴覚を活用するものとして，音声読み上げ機能つきの時計，体温計，血圧計，電卓などがある。**スクリーンリーダー**❻や音声ガイドソフトを組み込んだパソコンもよく活用されている。

触覚を活用するものとして，**点字器**，点字ディスプレイ，触知型腕時計 図5 などがある。視覚障がい者の移動を支援するために触知案内図 図6 の設置も進んでいる。

近年は，障がい者に便利な数多くのアプリケーションが開発されている 図7 。視覚障がい者に便利なアプリとしては，音声読み上げアプリやOCRアプリ❼などがある。聴覚障がい者に便利なアプリとしては，文章で表示する音声認識アプリ，車いすでの外出を支援する地図アプリなどがある。

❻スクリーンリーダー　画面を読み上げるソフトのこと。

❼画像データのテキストを文章として読み込むアプリのこと。Optical Character Reader（または Recognition）の略でOCRという。

図5 **触知型腕時計**

針を指で触って時刻がわかる。

図6 **触知案内図**

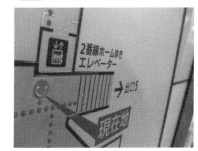

図7 **アプリケーションの例**

おもてなしガイド（SoundUD）

SoundUDに対応した日本語音声アナウンスの情報をテキストにて表示する。外国人の方へは，外国語でのテキスト表示を行う。インターホンや音声ガイドなどの機能もある。

信GO！

今いる交差点の歩行者信号が，「青」「赤」「青点滅」のどの信号を表示しているかをスマートフォンから音声・振動・画面表示で知ることができる。

— 信GO！ —

Column

福祉機器・用具の研究開発の推進

障がい者の自立と社会参加を進めるために，国は福祉機器・用具の開発や実用化，製品化を支援している。下図は，視覚障がい者が駅構内を安全に移動できるよう開発されたQRナビゲーションシステムである。

駅構内の点字ブロックに表示したQRコードを，専用アプリで起動したスマートフォンのカメラで読み取ることで，現在地から目的地までの正確な移動ルートを導き出し，音声でナビゲートするシステム。

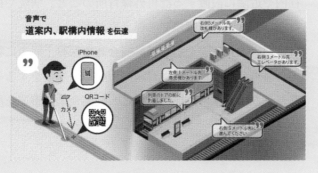

まとめ
●障がい福祉サービスの規模や種類について理解できた。
●障がい者の身体機能を補う，代替する製品について理解できた。

第3節 子どもにかかわる産業

ねらい
- ●子育て支援に関連する産業の拡大を理解しよう。
- ●子ども用品はどのような配慮のもとにつくられているか, 理解しよう。

1. 子どもに関する施設

1. 国による子育て支援

女性の就業, 活躍推進による保育所の待機児童の増加を受け, 法改正や規制緩和による子育て支援策が拡充した。その結果, 保育所などの利用定員, 利用児童ともに増加した。また, 自治体が独自に行う保育施設❶の整備も行われている。

幼稚園には, 教育時間外に保育を行う**預かり保育制度**[図8]がある。幼稚園の約9割が実施しており, 子どもにとっての居場所となっている。

日常生活上の突発的な事情により, 一時的に保育が必要になった場合は, **ベビーシッター**▶p.129を利用して家で子どもを見てもらうこともできる。費用の一部を自治体が補助し, 保護者のニーズにこたえている。

2. 子育て支援への民間企業の参入と拡大

保育所の運営は主に自治体や社会福祉法人が担っていたが, 2000年から株式会社の参入が認められた。保育所運営を本業とする民間企業に加え, 塾や通信教育などの教育関連サービス会社や鉄道会社も保育施設, 学童保育などの運営に取り組んでいる。病院や企業が職員向けに保育所を設置する企業主導型保育所も拡大している[図9]。企業主導型保育所とは, 従業員の育児と仕事の両立を支援するために, 企業が社内や近隣に設置する認可外保育所のこと。病院や福祉施設など, 女性が多い職場での導入率が高い。

また, 給食業務を引き受ける会社や保育士派遣に特化した人材派遣会社, 自宅と保育所や習い事の送迎をする子どもタクシーなど, 保育所運営以外にも民間企業が事業を展開している。

❶東京都認証保育所, 横浜保育室, 千葉市保育ルームなどがある。

図8 幼稚園の1日の流れ

8:30	登園
9:00	クラス活動
12:00	昼食
13:00	クラス活動
14:00	帰宅 預かり保育開始
15:30	おやつ
18:00	預かり活動終了, 帰宅

上記は, 14～18時の教育時間外で預かり保育を実施している例である。

図9 企業主導型保育所

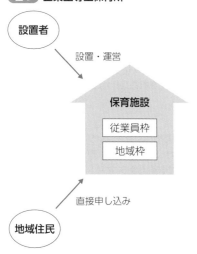

企業のニーズに応じ, 単独での設置・利用や, 2つの企業での共同設置・共同利用も可能。

データ **おもちゃのお医者さん** 日本おもちゃ病院協会がボランティアでおもちゃの修理を行うおもちゃドクター。養成講座などを受講し, 実践を重ねることで, おもちゃ病院の立ち上げも可能となる。

2. 子ども用品

　子ども用品としては，衣服や食品などが上げられる。**ベビーフード**は，安全性の確保と利便性への配慮が，商品づくりの最大の課題である。厚生労働省はベビーフード指針を定めており，日本ベビーフード協議会も製品規格や品質基準，表示方法などについて自主規格❷を設けて製品の品質向上に努めている。

　子ども服市場では，大人向けブランドが参入 図10 しており，親子でリンクコーデ❸を楽しむこともできる 図11 。また，少子化や賃金の伸び悩みによって消費意欲が低下しているなか，プチプラ❹を売りとした低価格ブランドを新たに打ち出すメーカーや，オンラインショップへの出店も増えている。

　子ども服は，子どもの肌を守るためにタグや縫い目は表に，袖回りはゆったりとしたつくりで，迎え袖❺をしやすく，着せ替えがスムーズにできるなどの配慮がなされているものもある。

❷ベビーフード自主規格（一部）
・ナトリウム含量は200mg/100g以下（塩分約0.5%以下）
・食品添加物の使用は最小限とし，使用できる添加物を限定
・微生物や有がい物質などに基準値を設けて管理
・法律で表示義務のある遺伝子組換え食品は使用しない

❸服の色柄や素材，アイテムなど，コーディネートを部分的に合わせること。

❹フランス語で小さいという意味の「プチ」と，英語で価格という意味の「プライス」を合わせた造語である「プチプライス」の略。

❺大人が子ども服の袖口から手を入れて，子どもの手首を持って，袖口まで誘導する。

図10 **子ども服市場に参入しているブランド例**

b こども
ビームス

GU baby

図11 **リンクコーデ**

Column

おもちゃの変化

　社会の変化とともに，子どもたちのニーズに応じた，さまざまなおもちゃが各社から発売されている。一人ひとりが好きなおもちゃで遊べるように，との配慮がなされている。日本おもちゃ大賞（主催：一般社団法人日本玩具協会）では，2021年から「ボーイズトイ部門」「ガールズトイ部門」が廃止された。

お世話人形では，新たに男児の人形も販売されるようになった。

まとめ　●子育て支援に関連する産業について理解できた。
●子ども用品に必要な配慮について理解できた。

第4節 高齢者にかかわる職業

ねらい ●介護が必要，要介護状態を予防したい，活動的でありたいなど，高齢者の望みにこたえる職業を理解する。

1. 介護が必要な高齢者にかかわる職業

高齢になると心身が衰えることで，食事，入浴，排せつ，着替え，移動といった，朝起きてから寝るまでの生活動作に手助けが必要になる。病気にかかることも増え，治療を受けながら生活をしている人も多い。そのような**要介護高齢者**が望む生活を，最期の時まで実現できるようにするのが，高齢者にかかわる職業である。

介護が必要な高齢者の生活を支える職業を見てみよう 図12。自宅で生活を続ける場合は，**介護支援専門員**が，必要なサービスを分析し調整してくれる。食事や入浴の介助といった身体介護は，**訪問介護員**が定期的に自宅に来てくれる。また，通所介護や特別養護老人ホームでは**介護職員**が介助してくれる。利用者や家族からの相談には，**生活相談員**が対応する。

図13 介護予防プログラム

関連する職業・資格
サービス介助士
テキスト学習と実技教習を受講後に検定試験を受験する。百貨店やホテルなどで，高齢者や障がいのある人をサポートすることが業務の中心となる。

おもてなしの心　正しい介助技術　サービス介助士

TRY

介護が必要な高齢者の生活をイメージしてみよう。
病気によって，自分の利き手側に麻痺が残ったとする。朝起きてから寝るまでの生活を思い浮かべてみよう。どのような場面で，どのような手伝いが必要になるだろう。

図12 介護が必要な高齢者にかかわる職業

職業	何をする	どこにいる（主な職場）	なるには，採用されるには（資格要件）
介護支援専門員（ケアマネジャー）	ケアプランの作成やサービスの調整 介護の時間割の作成	居宅介護支援事業所，特別養護老人ホーム	介護支援専門員（▶p.131）
訪問介護員（ホームヘルパー）	家事援助（掃除，洗濯，調理など） 身体介護（食事，入浴の介助）	訪問介護事業所	介護福祉士，実務者研修，介護職員初任者研修修了
介護職員	身体介護，行事やクラブ活動などの企画や援助	通所介護，特別養護老人ホーム	介護福祉士，実務者研修，介護職員初任者研修修了
生活相談員	利用者や家族からの相談対応，施設の入所・退所の調整 福祉事務所や病院など施設外の機関との連絡調整	通所介護，特別養護老人ホーム	社会福祉士，社会福祉主事任用資格

  **データ** 認知症サポーターキャラバン　認知症の人と家族への応援者である認知症サポーターを全国で育成し，認知症になっても安心して暮らせる町づくりをめざしている。

2. 高齢者の生きがいや楽しみにかかわる職業

1. スポーツ，介護予防にかかわる職業

　介護予防に関心を持ち，より元気でありたいという思いで
スポーツジムなどに通う高齢者もいる 図13 。自治体の介護
5 予防事業では，理学療法士が専門的な体力測定や運動指導を
　　　　　　　　　▶p.132
行っている。そのほか，高齢者の介護予防に関しては，介護
予防運動指導員や健康運動指導士といった民間資格もある。

2. 外出，旅行にかかわる職業

　国内から海外まで，旅行は高齢者の趣味の一つであり，近
10 年はシニア向けの旅行プランを取り扱う会社も増えている。
介護福祉士や看護師が旅行やスポーツ観戦，観劇などに同行
　▶p.130　　　▶p.132
する民間サービスもある。

　公共交通機関や百貨店，スーパー，レジャー施設，ホテル
などには，サービス介助士が配置されていることも多い。高
15 齢になっても，好きなところに出かけたいという思いを叶え
るために，さまざまなサポートが用意されている。

▶p.132

> **関連する職業・資格**
> **介護予防運動指導員**
> 講習を受講し，修了試験に合格
> すると介護予防運動指導員とし
> て登録できる。受講資格は医療，
> 福祉系の資格保有者など。

> **関連する職業・資格**
> **健康運動指導士**
> 保健医療関係者と連携しつつ，
> 安全で効果的な運動を実施する
> ための運動プログラムの作成お
> よび実践指導計画の調整等を行
> う。養成校卒業または講習会修
> 了後，認定試験を受験する。

interview

──── 横浜市南区役所　生活支援課職員　大瀧さん ────

仕事内容について教えてください。

　生活保護を受けている方の地区担当員をしています。
生活保護は，最低限度の生活の保障と自立の助長を目的
に行います。具体的な仕事内容は，生活保護を申請した
人の調査，相談調整，申請者の収入・資産の調査，生活
保護費の決定などを行います。区役所の中で事務作業を
することも多いですが，申請者の自宅へ行って話を聞い
たり，状況を伺ったりすることもあります。

仕事をするうえでのやりがいを教えてください。

　生活保護を受けている方の生活課題を解決すること
で，その方の生活を豊かにできることにやりがいを感じ
ます。生活課題は複雑化しているため，いろいろな方面
から考え，さまざまな部署と連携して生活課題を解決で
きるように努めています。

高校卒業後の進路を教えてください。

　両親と同じ公務員になりたいと思い大学へ進学し，社
会福祉分野を専攻しました。学びを深めていくなかで，
社会福祉特有の相手を思いやったり，相手の立場になっ
て考えたりするところが自分の性格に合っていると感

じ，福祉の仕事に就きたいと思い始めまし
た。大学3年生の時には，実習で横浜市青
葉区の地区担当員の仕事を見る機会があり，市民に寄り
添いながら広く物事を見て，関係機関と連携しながら生
活課題を解決していく姿に，一緒に仕事をしてみたいと
感じました。また，横浜市は福祉職の採用を50年以上
続けているため，同じような仕事をしている人が多い環
境だと仕事がしやすいと思い，横浜市の社会福祉職を志
望しました。

これからの目標を教えてください。

　最終的には，生活保護を受けていない方から生活にか
かわる相談を受けて課題を解決する，生活困窮者自立支
援制度の部署で働きたいと考えています。さまざまな状
況にある方と接するため，広く物事を考えられるような
職員になりたいです。また，近年は地域のつながりの希
薄化，引きこもりの長期化など，福祉ニーズは複雑化し
ています。そのようなニーズにも対応でき
るよう，いろいろな分野を経験して知識を
身につけ，引き出しが多い職員になりたい
です。

まとめ　　●高齢者のさまざまな望みに応える職業について理解できた。

第 5 節 障がい者にかかわる職業

🖊 **ねらい** ●障がい者が地域で生活すること，生活に必要な情報伝達が保障されること，働くことを支える職業を理解しよう。

❶**グループホーム** 障がい者が一軒家やアパートで共同生活を行う場。定員は10人以下。食事や入浴などの援助や，社会生活を送るうえでの助言を世話人や生活支援員が行う。

図14 創作活動，軽作業

ビーズ製品

和ふきん

1. 障がい者の生活にかかわる職業

　障がい者は，必要な支援を受けながら，その人が望む暮らしを地域で続けている。生活するうえで，介護や見守りが必要な人も多いが，家族と同居するばかりでなく，アパートやグループホーム❶で自立生活を送っている人もいる。重度障がい者であっても24時間365日，障がい福祉サービスを活用した一人暮らしは可能である。昼間は，生活介護事業所などに通い，介護を受けながら創作活動や軽作業を行う**図14**など，その人の状態に応じた活動を行っている。障がい者の生活を支える職業を見てみよう**図15**。

図15 障がい者の生活にかかわる職業

職業	何をする	どこにいる（主な職場）	なるには，採用されるには（資格要件）
居宅介護従業者（ヘルパー）	家事援助（掃除，洗濯，調理など），身体介護（食事，入浴の介助），移動支援	居宅介護，重度訪問介護等	介護福祉士，実務者研修，介護職員初任者研修，居宅介護職員初任者研修修了
生活支援員	身体介護や創作・生産活動，レクリエーション，相談支援	生活介護，短期入所，施設入所支援，共同生活援助	なし（介護福祉士，介護職員初任者研修修了が求められることもある）
世話人	食事提供，健康観察，通院や服薬の見守り，金銭管理の支援，生活相談	共同生活援助（グループホーム）	なし（障がい者福祉に熱意があり，障がい者の日常生活を適切に支援できる能力がある）
相談支援専門員	障がい福祉サービス利用の相談と計画作成	特定相談支援事業所，一般相談支援事業所	実務経験と相談支援従事者初任者研修修了
行動援護従業者（ガイドヘルパー）	一人で外出することが困難な人の外出に付き添う	居宅介護，移動支援事業	行動援護従業者養成研修修了と実務経験

➕**データ** **点訳者** 普通の文字を点字に訳す点訳を行う人は点訳者と呼ばれる。以前は点字の点を一つずつ紙に打ち込んでいたが，21世紀に入るとパソコンを使用しての点訳が主流となった。

2. 障がい者のコミュニケーションに関する職業

　私たちは，日常生活の中でさまざまな情報のやりとりを行い，コミュニケーションをはかっている。特に，災害や事件などの緊急時においては，生命を守るために情報は不可欠である 。障がいのある人が必要な情報を正確に入手でき，同様に，自分の意思を伝えられるようにするには周りの人の配慮が必要である。障がいの有無にかかわらず，必要な情報を確実に得られるようにすることは，だれもが暮らしやすい社会を築くことにつながる。

図16　気象庁の防災情報

地震発生時や大雨の時などに気象庁が開催する緊急記者会見に手話通訳者を配置することで，聴覚障がい者が防災情報を正確に入手できるよう努めている。また，YouTubeを使ったライブ配信も行っている。

1. 視覚障がい者

　視覚障がいは全盲（まったく見えない），ぼやける，視野障がい（見える範囲が狭い），光覚障がい（暗いところで極端に見えない，まぶしさに過敏）と，見え方はさまざまである 。また，生まれながらに障がいがある場合と，人生の途中で視力を失った人では必要とされる配慮は異なる。

図17　視野障がい

不規則に見えない部分がある　　中心部分のみ見える

図18　視覚障がい者にかかわる職業

職業	何をする	どこにいる（主な職場）	なるには，採用されるには（資格要件）
視能訓練士	視機能の検査，弱視や斜視の治療訓練，拡大鏡や遮光眼鏡などの選定・訓練	病院やリハビリテーションセンター	養成施設を卒業後，試験合格
点字技能師	テキストデータの点字化，点字文の墨訳化（漢字仮名交じり文に直す）	障がい福祉サービス事業所，福祉系企業	実務経験3年後，試験合格
盲導犬訓練士・歩行指導員	盲導犬の訓練・育成　利用者が盲導犬をうまく扱えるようになるための路上歩行訓練	盲導犬訓練施設	盲導犬育成団体の職員に採用される
同行援護従業者（視覚障がい者ガイドヘルパー）	外出・移動の支援，代読・代筆などのコミュニケーション支援	障がい福祉サービス事業所	同行援護従業者養成研修修了

❶口話 話し手の口の動きから話の内容を読み取ること。口の動きが見えるように，正面から話すようにする。

図19 伝音性難聴と感音性難聴

▶伝音性難聴
外耳や中耳が正常に機能しなくなる難聴。音を大きくすれば聞こえるため，補聴器で聴力を補うことができる。

▶感音性難聴
神経系に障がいがある場合に起こる難聴。高音域の音が聞こえにくくなったり，特定の音を聞き分けたりすることが難しい。音を大きくしても聞こえない。

2. 聴覚障がい者

聴覚障がいとは，音が聞こえない，聞こえにくい状態であり，その原因は生まれつき，事故，病気，加齢などさまざまである。大きな音にすれば聞こえるという場合は，補聴器で聴力を補うことができる 図19 。

そのほか，コミュニケーションをとる方法は口話❶，筆談，手話，身振り，空書（そらがき）などがある。聴覚障がい＝手話と思われがちだが，口話や筆談を主なコミュニケーション方法としている人もいる。私たちにもチャレンジできるコミュニケーション方法があることを知っておいてほしい。

図20 聴覚障がい者にかかわる職業

職業	何をする	どこにいる（主な職場）	なるには，採用されるには（資格要件）
手話通訳士	手話による通訳	手話通訳者派遣センターに登録 行政機関などで手話通訳士を採用するところもある	手話通訳技能認定試験
要約筆記者	話し手の話の内容をつかみ，それを文字にして伝える	都道府県・市区町村に登録	要約筆記者養成課程を修了，全国統一要約筆記者認定試験
言語聴覚士	聴覚検査，発音の訓練，補聴器の調整	病院（リハビリテーション科，耳鼻科），療育施設	言語聴覚士

Column

手話言語

「手話」は独自の文法体系を持つ「言語」である。日本語や英語が音声言語であるのに対し，手話は，手や指，顔の表情などを使った視覚言語であり，ろう者（音声言語を習得前に失聴した人）にとって，日常生活に欠かせない情報伝達手段である。しかし，ろう者への教育は手話よりも「口語法」の方が優れているとされた歴史があるため，手話は法律上，言語として認められなかった。日本では，障害者基本法改正（2011年）をもって，ようやく手話が言語であると位置づけられた。

こんにちは

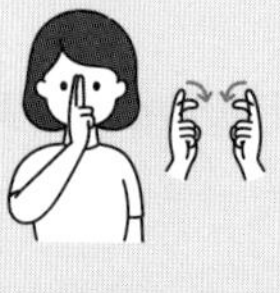

人差し指と中指をたてて，眉間に当てます。次に両手の人差し指を向かい合わせて立て，お辞儀をするように折り曲げます。

わかりません

手のひらで右脇を払い上げます。

お願いします

顔の中心のあたりで，片手を立てたまま前方へ下げます。一緒に頭も下げましょう。

ありがとう

右手の小指側で左手の甲を軽くたたいて上にあげます。相撲に勝った関取が賞金をもらって手刀をきるしぐさから生まれました。

さようなら

顔の横か胸の前で，軽く手を振ります。手を振って別れるしぐさを表します。

＋データ 補聴器の専門家 補聴器を調整する仕事として，認定補聴器技能者がある。公益財団法人テクノエイド協会の養成講座や認定試験を受け，資格を取得する。言語聴覚士も補聴器の調整を行える。

3. 障がい者の就労に関する職業

　障がい者雇用での就職をめざす障がい者には，就労移行支援事業として，さまざまな職業訓練制度がある 図21 。ハローワーク❷でも，障がい者向けの求人紹介や求職相談を行っている。

5

❷ハローワーク　公共職業安定所ともいう。障がい者専門窓口があり，精神保健福祉士（▶p.130）や臨床心理士などの専門職員が「仕事がしたいが不安がある」「どのような仕事が向いているかわからない」「採用面接で自分のことをうまく説明できない」といった相談に対応している。

Column

パラスポーツ指導員資格
（初級・中級・上級）

　初級指導員は障がい者にスポーツの楽しさを伝え，スポーツ参加のきっかけづくりを支援する指導員である。また，障がい者スポーツコーチや障がい者スポーツトレーナー資格をとり，国際大会をめざすような選手の指導にかかわっている方もいる。

　初級指導員資格のとり方は1,2のいずれかである。
1. 公認養成講習会を受講する。
2. 大学・専門学校で該当するカリキュラムの単位を取得する。

図21　障がい者への職業訓練制度

- ・職場体験
- ・就労に必要な知識・能力の向上（ビジネスマナー研修，ストレスマネジメント研修，作業・製作訓練，パソコン訓練など）
- ・求職活動の支援
- ・適性に応じた職場の開拓
- ・就職後の相談対応

図22　障がい者の就労に関する職業

職業	何をする	どこにいる（主な職場）	なるには，採用されるには（資格要件）
就労支援員	職業実習先の開拓，ハローワークとの調整，求職活動の支援 障がい者や生活保護を受けている人の就労支援	就労移行支援事業所 就労継続支援事業所 福祉事業所	なし（求人では社会福祉主事，社会福祉士，精神保健福祉士などが求められる）
職業指導員	利用者の適性に合わせたパソコン，木工，農業などの技術指導，訓練	就労移行支援事業所 就労継続支援事業所	なし（技術指導ができる一定の経験）
職場適応援助者（ジョブコーチ）	障がい者が雇用されている企業に定着できるよう，障がい者本人と企業の双方を職場で直接支援	地域障がい者職業センター，障がい者雇用を行う企業	職場適応援助者養成研修修了

●障がい者が地域で生活すること，生活に必要な情報伝達が保障されること，働くことを支える職業について理解できた。

第6章

5　障がい者にかかわる職業

125

第6節 子どもにかかわる職業

ねらい　●子どもや女性の暮らし・権利を守り，成長や自立を促す職業を理解する。

1. 子どもや女性の福祉にかかわる職業

1. 保育や子育て支援

TRY

絵本の読み聞かせをやってみよう
＜ポイント＞
・子どもの見やすい位置で本を持つ
・登場人物の違いが
　わかるように声色
　を変える
・本は動かさない
・抑揚をつけて読む

　保育士の仕事は，子どもが安全な環境のなかで，多様な経験や友達とのかかわりを通して成長できるように援助することである。加えて，保護者の相談対応，地域の子育て家庭の支援など，保育士は幅広い役割を担っている。また，家庭の事情に合わせて，**延長保育**や**病児保育**を行い，子育てを支援している。

　ベビーシッターは保護者が不在の間に自宅へ行き，子どもの世話などをする。家庭の事情に合わせて柔軟な対応ができるが，保育所と比べて費用がかかる。

2. 社会的養護

❶社会的養護を必要とする子どもたちの多くが，保護者からの虐待など，不適切な養育を受けた経験を持つ。

　社会的養護とは，保護者のいない子どもや，保護者に養育させることが適当でない子ども❶を，社会全体で育て，支援するしくみである。乳児院，児童養護施設，児童自立支援施設，児童心理治療施設，母子生活支援施設などの施設で暮らす子どもや，**里親**と暮らす子どもがいる。施設では，保育士や児童指導員が子どもの見守りや寝かしつけなどの直接的な援助を行っている。

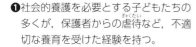

Column

児童養護施設の一日				職員は交代勤務で子どもたちの24時間の生活を支えている。
7:00	9:00〜14:00			14:00
起床，朝食，登校準備	職員ミーティング　洗濯，掃除	学校，児童相談所などとの連絡・調整，支援記録		小学生帰宅。おやつ，宿題見守り，翌日の準備
17:00	18:00	19:00〜		22:00
中・高校生帰宅	夕食準備，夕食，かたづけ	幼児，低学年から順に入浴，自由時間，寝かしつけ		（宿直職員）夜間の巡視，記録

　**特別支援学校**　障害による学習上または生活上の困難を克服し自立をはかるために必要な知識技能を授けることを目的としている。教育活動は，特別支援教育の理念にのっとって行われる。

図23 子どもや女性にかかわる職業

職業	何をする	どこにいる（主な職場）	なるには，採用されるには（主な資格要件）
保育士	就学前の子どもに対する保育（子どもの世話や成長を支援）	保育所，地域型保育事業，乳児院，児童養護施設	保育士
保育教諭	就学前の子どもへの，保育と教育	幼保連携型認定こども園	保育士資格と幼稚園教諭免許の両方を有する人
家庭的保育者（保育ママ）	保育者の自宅などにおける子どもに対する保育	家庭的保育事業（保育者の自宅や市区町村長が認める場所）	市区町村による認定。保育士や子育て経験がある人が望ましい
放課後児童支援員	遊びや創作活動を通じた子どもたちの成長を支援	放課後児童クラブ（学童保育）	放課後児童支援員認定資格研修を受講
ベビーシッター	子どもの身の回りの世話や遊び相手，習い事の送迎など	派遣会社に登録。個人宅，民間託児所，イベント会場等に派遣される。	なし（求人では，保育士，幼稚園教諭，看護師が求められることがある）
児童指導員	子どもたちの生活全般にかかわる支援 生活習慣や学習の指導	児童養護施設	保育士，児童指導員任用資格
家庭支援専門相談員（ファミリーソーシャルワーカー）	児童の家庭復帰や親子関係の再構築をはかる支援	乳児院・児童養護施設・児童心理治療施設・児童自立支援施設	社会福祉士，精神保健福祉士，児童福祉司任用資格
母子支援員	生活基盤を失った母親への精神的なケア，就職の援助，育児・家事の相談	母子生活支援施設	保育士，社会福祉士，精神保健福祉士
児童福祉司	子どもや保護者の相談，家庭訪問，子どもの一時保護措置	児童相談所	医師，社会福祉士，精神保健福祉士，公認心理師など

2. 障がい児にかかわる職業

1. 未就学児が通う施設

　障がい児が通う施設として，児童発達支援や医療型児童発達支援事業がある。未就学児に対して，日常生活の自立支援や機能訓練を行い，保育所や幼稚園のように遊びや学びを通して成長を支援している。保育所でも，保育士の配置を増やし，障がい児を受け入れている。

図24 児童発達支援の例

食事　排せつ　着がえ　身体を使った遊び

睡眠　歯磨き　言語コミュニケーション　集団行動の訓練

図25 放課後等デイサービスの1日

15:00	下校（送迎） 到着，健康チェック
15:30	おやつ
16:00	学校の宿題 個別療育 自由時間 
17:30	帰りの会，帰宅（送迎）

2. 障がい児の放課後支援

　放課後等デイサービスでは，小学校1年生から高校3年生までの障がい児に対して，生活能力向上のために必要な訓練や社会との交流を促す支援を提供している**図25**。放課後児童クラブのような放課後の預かりではなく，**療育❶**の場である。2012年の制度化以降，事業所数は急激に増加しており，民間企業も多く参入している。

図26 障がい児にかかわる職業

職業	何をする	どこにいる（主な職場）	なるには，採用されるには（資格要件）
児童指導員	日常生活を送るうえでの動作や運動機能の向上，集団への適応訓練	児童発達支援，医療型児童発達支援，放課後等デイサービス	なし（求人では保育士や児童指導員が求められる）
保育士			保育士
機能訓練担当職員	日常生活を送るうえで必要な機能訓練	児童発達支援，放課後等デイサービス	理学療法士，作業療法士，言語聴覚士および公認心理師，臨床心理士
相談支援専門員	障がい福祉サービス利用の相談と計画作成	障がい児相談支援事業所	一定の実務経験と相談支援従事者初任者研修を修了

図27 幼稚園教諭免許の取得ルート

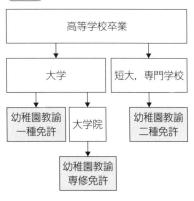

3. 子どもの教育・保育にかかわる職業

　子どもにかかわる職業として思い浮かべる「保育士」と「幼稚園教諭」は，どちらも就学前の子どもを預かる施設で働く仕事だが，**保育士**は「保育」，**幼稚園教諭**は「教育」と，仕事内容は異なる。
▶p.130
就学後は，小学校教諭が学級担任として全科目の教育や学級活動，生活指導，保護者対応などにあたる。**養護教諭**や**スクールカウンセラー**，**スクールソーシャルワーカー**も児童生徒の学校生活や成長を支える職業である。

　障がい児の教育は，特別支援学校教諭が担っている。**特別支援学校❷**や特別支援学級で，障がいのある子ども一人ひとりの教育的ニーズに応じた学校教育を行う。通常の学級との交流や共同学習も行われている。

図28 保育士資格の取得ルート

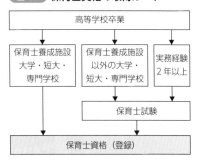

＋データ　**認定病児保育スペシャリスト**　一般社団法人日本病児保育協会によって認定される，病気の子どもに対する保育の知識や技術を有した人材であることを証明する資格。

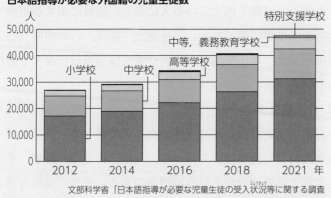

Column

日本語指導担当教員

近年，子どもの母国語はポルトガル語，中国語，フィリピン語，ベトナム語と多様化が進み，教員には幅広い知識と専門性が求められる。日本語指導担当教員になるには，小学校であれば小学校教諭免許，中学校であれば中学校教諭免許が必要である。

日本語指導が必要な外国籍の児童生徒数

文部科学省「日本語指導が必要な児童生徒の受入状況等に関する調査（令和4年）」による

❶療育　自立をめざした発達支援。治療と教育を並行して進めること。

❷特別支援学校　視覚障がい者，聴覚障がい者，知的障がい者，肢体不自由者または病弱者に対し，教育と自立をはかるための知識や技術を習得させる。

TRY

保育士と幼稚園教諭の違いを調べてみよう。

図29　子どもの教育にかかわる職業

職業	何をする	どこにいる（主な職場）	なるには，採用されるには（資格要件）
幼稚園教諭	3歳～未就学児に対する教育	幼稚園	幼稚園教諭免許
小学校教諭	各教科の指導，生活指導	小学校	小学校教諭免許
特別支援学校教諭	障がいのある子どもの自立支援教育や通常の学校に準じた教育	特別支援学校，特別支援学級	幼・小・中・高校のいずれかの教諭普通免許に加え，特別支援学校教諭の免許を取得
養護教諭	けがや病気の手当，健康管理，保健学習，保健室の運営	小・中・高・特別支援学校の保健室	養護教諭免許保健師
スクールカウンセラー	生徒や保護者，教員の心のケア，個別面談	主に小・中学校，教育委員会	公認心理師，臨床心理士，精神科医など
スクールソーシャルワーカー	児童を取り巻く環境の問題，関係機関へのはたらきかけ	主に小・中学校，教育委員会	社会福祉士，精神保健福祉士，スクールソーシャルワーク教育課程修了

4. その他，子ども用品に関する職業

　子ども用の食品や玩具，衣服などに関する職業に従事するには，それぞれのメーカー企業に就職することになる。採用後は，営業，製造，品質管理，研究開発，事務などの部署に配属される。

関連する職業・資格
おもちゃクリエーター
おもちゃの企画や設計，デザイン，製造など，おもちゃづくりをする職業である。必要な資格はないが，工業デザインや機械工学・電子工学などを大学や専門学校で学んでおくとよい。

まとめ　●子どもや女性の暮らし・権利を守り，成長や自立を促す職業について理解できた。

第7節 ヒューマンサービスにかかわる資格

●ヒューマンサービスにかかわる資格の内容と取得ルートを理解し自身の進路選択の参考としよう。

ねらい

Column

介護職員初任者研修課程

基本的な介護業務を行ううえで，最低限の知識・技術とそれを実践する際の考え方を身につけることを目的としている研修である。この課程を修了すると，介護職員として働くことが可能である。正職員の求人も多い。

養成機関によって受講日程や受講方法（通学／通信）は異なる。研修は中学卒業後を対象としているため，高校生以上であれば介護職員初任者研修を受講することができる。受講料は養成機関によって異なるが，さまざまな助成制度を利用して低価格で受講することも可能である。

科目	時間数
職務の理解	6
介護における尊厳の保持・自立支援	9
介護の基本	6
介護・福祉サービスの理解と医療との連携	9
介護におけるコミュニケーション技術	6
老化の理解	6
認知症の理解	6
障害の理解	3
こころとからだのしくみと生活支援技術	75
振り返り	4
合計	130

TRY

p.130にある資格から，興味のあるものについて取得方法や資格取得後の職場などを調べてみよう。

1. 福祉関係の資格（国家資格）

1. 社会福祉士

生活上の困難を抱えている人に対し，福祉に関する相談や助言をする専門職である。福祉施設，病院，行政機関，社会福祉協議会，司法機関（刑務所や更生保護施設）などで活躍している。

2. 介護福祉士

日常生活を営むことに支障のある人に対して，介護に関する専門的な知識や技術を持って，入浴，排せつ，食事，その他生活上必要な介護を行う専門職である。また，家族介護者に対して，介護に関する指導も行う。介護保険や障がい福祉サービス事業所などの介護職員，ホームヘルパーとして活躍している。

3. 精神保健福祉士

精神障がいのある人に対して，社会復帰や日常生活への適応のための相談や助言を行う専門職である。障がい者福祉施設，精神科病院，行政機関，司法機関などで活躍している。

4. 保育士

保育に関する専門的な知識や技術を持って，地域の子育ての中核を担う専門職である。子どもたちの生活全般の世話をしながら，心身の発達を促し，社会性を養い，食事や排せつ，着替えなどの基本的な生活習慣を身につけることができるよう援助する。また，保護者に適切なアドバイスをする。保育所や乳児院，児童養護施設，障がい児施設などで活躍している。

5. 公認心理師

心理状態の観察と分析，心理に関する相談や助言を行う。病院，教育（スクールカウンセラー），福祉施設，企業，司法機関などで活躍している。

図30 介護福祉士資格の取得ルート

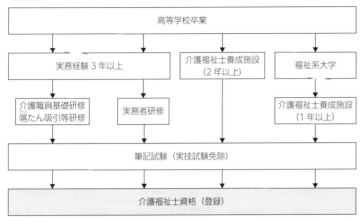

注）法改正が多いため，最新情報を確認すること。

2. 国家資格以外の福祉関係の資格

　国家資格ではないが，都道府県指定の研修などを受講する必要がある福祉関係の資格を紹介する。

図31 福祉関係の国家資格以外の資格

資格	何をする	資格の取得方法
社会福祉主事任用資格	福祉事務所のケースワーカー，施設長，生活相談員などとして働く公務員	「大学・短大で指定科目を履修」「養成機関を修了」「社会福祉士」「精神保健福祉士」のいずれか
児童指導員任用資格	児童養護施設や障がい児施設で，児童の成長を援助，生活習慣や学習の指導	「社会福祉士」「精神保健福祉士」「大学で社会福祉学，心理学，教育学，社会学を学ぶ学科を卒業」「幼・小・中・高いずれかの教員免許（教科問わず）」「指定の養成施設を卒業」「児童福祉事業での実務経験」のいずれか
介護職員初任者研修修了者	施設や訪問介護事業所の介護職員	都道府県指定の研修130時間（講義と演習）を受講し，筆記試験に合格する
実務者研修	施設や訪問介護事業所の介護職員，サービス提供責任者	都道府県指定の研修450時間（講義と演習）を受講，修了
介護支援専門員	ケアプランの作成，サービス提供事業者や施設との連絡調整	保健・医療・福祉分野での法定資格業務5年以上の実務経験→介護支援専門員実務研修受講試験合格→介護支援専門員実務研修を修了

福祉人材センターのホームページを見てみよう

福祉人材センターとは，都道府県が運営する無料の職業紹介所である。社会福祉法にもとづき，各都道府県に1か所設置されている。就職フェア，インターンシップ，資格取得のための資金貸付の案内などを行っている。

図33　看護師資格の取得ルート

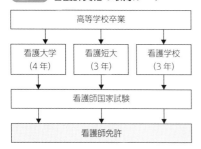

```
┌─────────────────────────────┐
│          高等学校卒業          │
└─────────────────────────────┘
   ┌─────────┬─────────┬─────────┐
   │ 看護大学 │ 看護短大 │ 看護学校 │
   │ (4年)   │ (3年)   │ (3年)   │
   └─────────┴─────────┴─────────┘
┌─────────────────────────────┐
│         看護師国家試験          │
└─────────────────────────────┘
┌─────────────────────────────┐
│           看護師免許           │
└─────────────────────────────┘
```

3. 医療関係の資格

医療関係の資格の種類は多く，図32のほか，リハビリテーションに関する資格（理学療法士，作業療法士，言語聴覚士，義肢装具士）や，医療技術に関する資格（臨床検査技師，臨床工学士，診療放射線技師），歯科技工士などがある。

看護師とリハビリテーションに関する職種は病院で働くイメージが強いかもしれないが，いずれも医療と福祉両方の分野で活躍する資格である。看護師は乳児院，保育所，障がい児施設や障がい者施設，介護施設などでも配置が必須とされている。リハビリテーション職は乳幼児から高齢者までを対象とし，障がい児施設や障がい者施設，介護施設で機能訓練や生活の質を高めるための指導や助言を行っている。

図32　医療系の国家資格

資格	何をする	どこにいる（主な職場）
医師	患者を診察し病名を確定する診断，投薬や手術による治療 大学での研究，行政機関で公衆衛生や医療政策を行う	病院，診療所，大学，行政
歯科医師	虫歯や歯周病など，口内の病気の治療や，歯並びの矯正	病院，診療所
薬剤師	医師の処方に従って患者への薬剤の提供，薬剤に関する情報提供，新薬の研究開発，販売	病院，薬局，製薬会社
保健師	健康や保健，栄養等に関する相談や助言，保健衛生に関する知識の普及や指導	行政，病院，診療所，企業
看護師	診療の補助（点滴や採血など）と療養上の世話	病院，診療所，福祉施設
助産師	妊娠，出産にかかわる女性と新生児のケア，出産時の介助	病院，診療所，助産院
歯科衛生士	歯の病気の予防処置（フッ化物の塗布，口腔内の汚れ除去）と診療の補助	病院，歯科医院
救命救急士	急病人を救急車で搬送しながら，医師の指示に従い応急処置（点滴や気道の確保）を施す	消防署

薬剤師

歯科衛生士

Column

潜在看護師

　看護師の資格を持ちながら，現在は看護師として働いていない「潜在看護師」の存在に注目が集まっている。その数は全国に70万人以上いるとされる。

　看護師は病院だけに限らず，保育所，学校，児童施設，障がい者施設，介護施設と幅広い職場での活躍が期待されるが，人員は不足している。看護師の新規養成に加え，潜在看護師の復職支援を強化することが求められる。

4. その他，事務系の資格

　福祉施設も病院も，利用者や患者に直接接する専門職だけで運営は成り立たない。総務，人事，経理，設備管理などの部門があるのは一般企業と同じである。事務職として働くための資格は特にないが，パソコン，簿記の知識が求められることもある。

　就職時に必須の資格ではないが，請求事務に限定すると以下のような資格がある。病院の場合は，医療事務技能審査試験，診療報酬請求❶事務能力認定試験がある。介護保険施設の場合は，介護事務管理士，介護請求事務技能検定試験などの民間資格がある。

❶診療報酬請求　治療や検査にかかった費用を計算し，請求する事務。レセプト業務ともいう。

Column

多職種連携
（IPW：interprofessional work）

　多職種連携（IPW）とは，異なる専門職，あるいは異なる機関・施設が，利用者の利益を第一に，実践を行うことである。在宅で療養するには，保健・医療・福祉サービスなど，さまざまなサービスが必要であり，それら多職種の連携が求められる。

　医師，看護師，リハビリテーション専門職，ソーシャルワーカー，介護支援専門員，介護福祉士，その他社会福祉施設の職員，また，地域の民生委員・児童委員，自治会などの人達が連携し，一人のサービス利用者に対応する。

まとめ　●ヒューマンサービスにかかわる資格の内容と取得ルートが理解できた。

第8節 現代の社会福祉

●現代の高齢者，障がい者，子ども分野での課題を知り，自分の身近な地域の問題に引きつけて考えることができる。

1. 高齢者にかかわる制度と課題

1. 介護保険制度

　介護保険制度とは，40歳以上の人が保険料を納め，高齢になって介護が必要になった時❶に介護サービスを受けられる制度である。介護サービスを受けるには，**要介護認定**❷を受ける必要がある 図34 。介護サービスは主に「居宅サービス」「地域密着型サービス」「介護保険施設」に分けられる。介護支援専門員（ケアマネジャー）が利用者の状態を分析し， ▶p.131 ケアプランを作成する。利用料は本人が1〜3割を負担し，残りは介護保険制度から給付される。

　高齢化，単独世帯や夫婦のみ世帯の増加，女性就業率の上昇などにより，介護は家庭内で完結する問題ではなくなった。介護保険制度は今後の日本にとって重要な制度といえる。

❶第1号被保険者（65歳以上）は，要介護状態になった原因を問わず介護サービスを受けることができる。第2号被保険者（40歳から64歳までの医療保険加入者）は，加齢に起因する特定の病気によって要介護状態になった場合に限り，介護サービスを受けることができる。

❷**要介護認定**　「介護を要する状態にある」ことを認定するもの。介護の度合いに応じて，要支援1〜要支援2，要介護1〜要介護5の7段階に分けられる。

図35 介護の日「11月11日」

各地で福祉人材・定着を促進するための取り組みが行われている。

図34 介護保険サービス利用の流れ

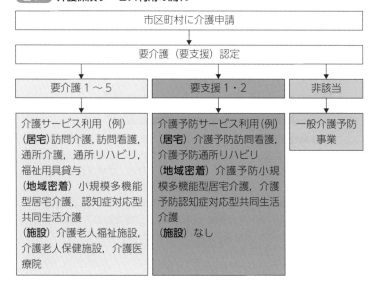

市区町村に介護申請

要介護（要支援）認定

要介護1〜5	要支援1・2	非該当
介護サービス利用（例） （**居宅**）訪問介護，訪問看護，通所介護，通所リハビリ，福祉用具貸与 （**地域密着**）小規模多機能型居宅介護，認知症対応型共同生活介護 （**施設**）介護老人福祉施設，介護老人保健施設，介護医療院	介護予防サービス利用（例） （**居宅**）介護予防訪問看護，介護予防通所リハビリ （**地域密着**）介護予防小規模多機能型居宅介護，介護予防認知症対応型共同生活介護 （**施設**）なし	一般介護予防事業

 **データ**　**健幸アンバサダー**　一般社団法人スマートウエルネスコミュニティ協議会が実施している，健康に関する正しい知識などを身近な人に伝える健康の伝道師。

2. 介護人材の確保

　2019年の介護従事者は約211万人であるが，2040年には約280万人の介護職が必要になると推計されている❸。国は，介護の仕事の魅力を発信するなど，福祉人材の確保・定着を促進（そくしん）するための取り組みを積極的に行っている。また，国は11月11日を「介護の日」と定め，介護についての理解を深めることで介護従事者などを支援するとともに，国民への啓発を実施（じっし）している　図35　。

　介護人材を増やすため，介護未経験者が受講しやすい入門的研修も導入された。受講時間は1日（3時間）や1週間（21時間）で，より多くの人が介護を知る機会となること，介護分野で働く際の不安を減らすことが研修の目的である。中高年齢者，出産・育児で離職後に勤めていない人，学生など幅（はば）広い（ひろ）受講生を想定している。

3. 認知症施策

　高齢になれば認知症になる人も増える❹。認知症になっても住み慣れた地域で自分らしく暮らし続けられる「共生」と，認知症になるのを遅らせたり進行をゆるやかにしたりする「予防」をめざして，国は対策を進めている。介護従事者に対しては，認知症高齢者に対する医療（いりょう）や介護の手法の開発，対応力の向上が進められている。また，認知症に対する理解促進のために認知症サポーター❺養成講座などが行われている。

❸厚生労働省「第8期介護保険事業に基づく介護職員の必要数について（2021年）」による

❹85〜89歳で認知症の人は，44.3％と推計されている（厚生労働省「認知症施策の総合的な推進について（令和元年）」による）。

❺認知症サポーターがいるお店に貼（は）られるステッカー。

Column

介護人材の確保と外国人労働者

外国人介護労働者を受け入れる制度は，次の4種類となる。
①EPA（経済連携協定）にもとづく外国人介護福祉士候補者　外国人介護福祉士
②日本の介護福祉士養成校を卒業し在留資格「介護」を持つ外国人
③技能実習制度を活用した外国人（技能実習生）
④在留資格「特定技能1号」を持つ外国人
　外国人介護労働者の受け入れ数は年々増加している。外国人介護労働者は日本の高い介護の専門性を学ぶことを希望している。超高齢社会の先頭を走る日本として，外国人労働者に対し質の高い介護を示したい。

❶医療的ケア児 日常生活および社会生活を営むために，常時医療行為を受けることが不可欠である児童。

❷正式名称「医療的ケア児及びその家族に対する支援に関する法律」2021年6月公布，2021年9月施行。

❸令和5年度からの障がい者雇用率は2.7％とするが，雇入れにかかる計画的な対応が可能となるよう，令和5年度は2.3％で据え置き，令和6年度は2.5％，令和8年度は2.7％と，段階的に引き上げることとなった。

Column
障がい者雇用
神奈川県川崎市にあるチョーク製造会社は社員の約7割が知的障がい者で，「日本で一番大切にしたい会社」として全国から注目を集めている。

2. 障がい者にかかわる制度と課題

1. 障害者総合支援法

　障がい者とは身体障がい者，知的障がい者，精神障がい者（発達障がい者を含む）をさし，**障害者総合支援法**にもとづいてサービスが提供されている。2013年の制度改正により，障がい者の範囲に難病患者が追加された。2021年には**医療的ケア児❶**などの地域生活支援の向上を目的とする医療的ケア児支援法❷が施行された。保育所や学校では，看護師または喀たん吸引などが可能な保育士を配置し，医療的ケア児の成長を支援することが求められた。

2. 障がい者雇用

　障がい者と共に働くことが当たり前の社会をめざし，障がい者雇用対策は進められている。

　障害者雇用促進法は，企業に対して，従業員に占める障がい者の割合を2.7％以上❸にすることを義務づけている。障がい者に対しては，さまざまな就労支援が行われており，就労後もジョブコーチが職場に出向き，障がい者の職場適応を支援することもある。

Column
発達障がい

　発達障がいは「自閉症，アスペルガー症候群その他の広汎性発達障害，学習障害，注意欠陥多動性障害，その他これに類する脳機能障害であってその症状が通常低年齢において発現するもの」（発達障害者支援法第二条）と定義されている。
　障がいごとの特徴がそれぞれ少しずつ重なり合っている場合や，年齢や環境により目立つ症状が異なる場合も多い。そのため，障がいの種類を明確に分けて診断することは難しいとされている。
　障がい種別にだけ着目するのではなく，その人の得意なこと，苦手なことの両方に目を向けながら，その人が必要としている支援を考えることが重要である。

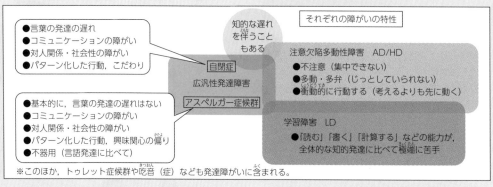

発達障害情報・支援センターによる

➕データ **盲ろう者向け通訳・介助員** 盲ろう者（視覚障がいと聴覚障がいの重複障がいを持つ人のこと）の自立更生の相談に乗ったり，外出時あるいは日常生活においての通訳や介助を行ったりする。

3. 共生社会の実現と合理的配慮

　共生社会[4]の実現をめざして，行政や企業，教育現場などが連携し，障がいのある人の理解を深める取り組みが行われている。

5　障害者差別解消法[5]では，障がいのある人に**合理的配慮**[6]を行うことを通じて，共生社会を実現することをめざしている。例えば，修学の機会を確保するために，文部科学省は合理的配慮を行い，障がいのない学生と公平に試験を受けられるように配慮することを求めている 図36 。就職にあたって

10　は，障がいのある求職者向けの支援が行われている。障がい者だからという理由で，採用側が障がい者の応募を拒否することは差別である。障がい者からの申し出にもとづき，試験や面接などの採用時から合理的配慮が提供される。このように障がいのある人が希望や能力，適性を十分にいかし，生涯

15　にわたって自立し，社会参加できるように支援することが求められる。

❹**共生社会**　障がいのある人もない人も，互いにその人らしさを認め合いながら共に生きる社会のこと。

❺**障害者差別解消法**　正式名称「障害を理由とする差別の解消の推進に関する法律」2013年6月公布，2016年4月施行。

❻**合理的配慮**　障がいのある人は，社会の中にあるバリアによって生活しづらいことがある。そのバリアを負担が重すぎない範囲で対応に努めることを合理的配慮という。

図36 大学入学共通テストの受験上の配慮の例

試験時間の延長（1.3倍），拡大文字問題冊子，点字問題冊子，点字用解答用紙，代筆解答，別室の設定，拡大鏡の持参，特製机・イスの持参，窓側の明るい座席の指定など

拡大読書器

TRY

田中さんは高校卒業後，会社に就職しました。しかし，「ミスが多い」「気がきかない」と注意される日々。そのうち会社に行くことが辛くなり退職しました。その後，3度の転職を経て，今はスーパーでアルバイトをしています。

① ギリギリ，間に合った！早番と遅番，覚えられないよ

店内の掃除をお願い。レジが混んできたらレジに入ってください。

② 店内が混んできたので視線を送り「レジ」と合図をしますが，田中さんは気づきません。

③ 仕方がないので大声で呼びました。

田中さん，レジに入って‼

④ 田中さんは走ってレジに向かい，お客さんにぶつかってしまいました。

⑤ 掃除は完璧，床はピカピカになっていました。

★自分が店長になったつもりで，田中さんが仕事をしやすくなる方法や工夫（合理的配慮）を考えてみよう。

　「スケジュール管理が苦手」「周りが見えなくなるほど集中してしまう（過集中）」「具体的ではない曖昧な指示や表現を理解することが苦手」これらは発達障がいの特性と似ています。

　田中さんは，発達障がいかもしれないし，不注意なだけかもしれません。

3. 子どもにかかわる制度と課題

1. 児童福祉法

児童福祉の基本法である児童福祉法には，すべての子どもが，権利の主体であることを基本理念として明記している[1]。何らかの事情で，家庭で暮らすことのできない子どもたちの生活や発達，自立を支援するために児童福祉施設（児童養護施設，母子生活支援施設，障がい児施設など）があり，地域においては，保育サービスや障がい児に対する在宅サービスなどが実施されている。

2. 子育て支援対策

今日の子どもと子育て家庭をめぐる社会環境は，大きく変化し，複雑化している。幼児期の教育や保育，地域の子育て支援の拡充や質の向上を進めるため，2015年に**子ども・子育て新制度**がスタートした　図37。消費税率引き上げ[2]による増収分を活用したもので，新制度では教育・保育の場が大きく拡大した。

2019年度からは，**新・放課後子ども総合プラン**がスタートした。共働き家庭が増加しているなかで，**小1の壁**[3]を解消するとともに，すべての児童が放課後を安全・安心に過ごし，多様な体験・活動を行うことができるよう，放課後児童クラブなどの整備が進められている。

❶児童福祉法第1条　全て児童は，児童の権利に関する条約の精神にのっとり，適切に養育されること，その生活を保障されること，愛され，保護されること，その心身のすこやかな成長および発達ならびにその自立がはかられることその他の福祉を等しく保障される権利を有する。

❷2019年10月，消費税率は8％から10％に引き上げられた。消費税率の引き上げ分は，すべての世代を対象とする社会保障のために使われている。

❸小1の壁　子どもが小学校に入学するタイミングで，仕事と育児の両立が困難になること。困難の原因は，学童の預かり時間の短さ，長期休みの対応，PTAへの参加など。

図37　教育・保育の場の拡大

幼稚園
3～5さい

小学校以降の教育の基礎をつくるための幼児期の教育を行う学校

利用時間　昼過ぎごろまでの教育時間に加え，園により午後や土曜日，夏休みなどの長期休業中の預かり保育などを実施。

利用できる保護者　制限なし。

保育所
0～5さい

就労などのため家庭で保育のできない保護者に代わって保育する施設

利用時間　夕方までの保育のほか，園により延長保育を実施。

利用できる保護者　共働き世帯，親族の介護などの事情で，家庭で保育のできない保護者。

認定こども園
0～5さい

幼稚園と保育所の機能や特長を合わせ持ち，地域の子育て支援も行う施設

0～2さい

利用時間　夕方までの保育のほか，園により延長保育を実施。

利用できる保護者　共働き世帯，親族の介護などの事情で，家庭で保育のできない保護者。

3～5さい

利用時間　昼過ぎごろまでの教育時間に加え，保育を必要とする場合は夕方までの保育を実施。園により延長保育も実施。

利用できる保護者　制限なし。

地域型保育
0～2さい

保育所（原則20人以上）より少人数の単位で，0～2歳の子どもを保育する事業

利用時間　夕方までの保育のほか，園により延長保育を実施。

利用できる保護者　共働き世帯，親族の介護などの事情で，家庭で保育のできない保護者。

※地域型保育では，保育内容の支援や卒園後の受け皿の役割を担う連携施設（保育所，幼稚園，認定こども園）が設定されます。

データ　不適切保育　2022年度には，914件の不適切な保育が確認されている。（子ども家庭庁「保育所等における虐待等の不適切な保育への対応等に関する実態調査（令和5年）」による）

3. 子育てに対する経済的支援

　若い世代が，自らが希望する子どもの人数を持たない理由として，子育てや教育に関する経済的負担が上げられる。幼児教育・保育の無償化や，高等教育の就学支援などは，家庭の負担を減らし，少子化対策につながる。

　経済的に厳しい状況に置かれたひとり親家庭や多子世帯は増加傾向にあり，自立支援の充実が課題になっている。ひとり親家庭などに対する支援として，「子育て・生活支援策」，「就業支援策」，「養育費の確保策」，「経済的支援策」の4本柱により施策を推進している 図38 。

4. 子育ての担い手の多様化

　子どもを地域全体で支え，見守り，育てる活動が積極的に進められている。例えば**シルバー人材センター**[4]では，乳幼児の世話や保育所への送迎などの育児支援，就学児童に対する放課後・土日の支援を実施しており，経験豊かな高齢者が地域における子育ての担い手として活躍している。子どもの送迎や預かりなどの「援助を受けたい人」と「援助を行いたい人」が，地域で相互援助を行う**ファミリーサポートセンター**事業も各地で行われている 図39 。

図38 **ひとり親家庭などに対する支援**

子育て・生活支援
○母子・父子自立支援員による相談支援
○ヘルパー派遣，保育所等の優先入所
○子どもの生活・学習支援事業等による子どもへの支援
○母子生活支援施設の機能拡充　　　　　　　など

就業支援
○母子・父子自立支援プログラムの策定やハローワーク等との連携による就業支援の推進
○母子家庭等就業・自立支援センター事業の推進
○能力開発などのための給付金の支給　　　　など

養育費確保支援
○養育費等相談支援センター事業の推進
○母子家庭等就業・自立支援センターなどにおける養育費相談の推進
○「養育費の手引き」やリーフレットの配布
　　　　　　　　　　　　　　　　　　　　　など

経済的支援
○児童扶養手当の支給
○母子父子寡婦福祉資金の貸付
　就職のための技能習得や児童の修学など12種類の福祉資金を貸付　　　　　　　　　　など

❹**シルバー人材センター**　企業や家庭，公共団体などから高齢者にふさわしい仕事を引き受け，登録会員に紹介する。

図39 **ファミリーサポートセンター事業**

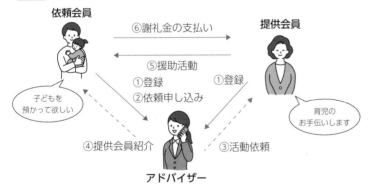

依頼会員　　　　　　　　　　　　　　提供会員
⑥謝礼金の支払い
⑤援助活動
①登録　　　　①登録
②依頼申し込み
子どもを預かって欲しい　　　育児のお手伝いします
④提供会員紹介　　　③活動依頼
アドバイザー

●援助活動の例
・保育所，幼稚園，学校，学童保育などの送迎，その前後に子どもを預かること
・保護者の求職活動中に子どもを預かること
・きょうだいの学校行事参加や買い物，冠婚葬祭などの外出時に子どもを預かること
●提供会員になるためには
・20歳以上で心身ともに健康であること（市町村によっては18歳以上可）
・市区町村が実施する養成講座を受講すること

まとめ　●現代の高齢者，障がい者，子ども分野での課題を知り，自分の身近な地域の問題に引きつけて考えることができた。

●ヒューマンサービス従事者が取り扱う情報と守秘義務の重要性を考えてみよう。

❶個人情報保護法　正式名称「個人情報の保護に関する法律」。情報化の急速な進展により，個人の権利利益の侵害の危険性が高まったこと，国際的な法制定の動向などを受けて，2003年5月に公布，2005年4月に全面施行された。

❷生存する個人に関する情報であって，「当該情報に含まれる氏名，生年月日その他の記述等（中略）により特定の個人を識別することができるもの」「個人識別符号が含まれるもの」（第2条1項）

❸要配慮個人情報　人種，信条，社会的身分，病歴，犯罪の経歴，犯罪被害の事実など，取り扱いに配慮を要する情報のこと。

（図40）　**個人識別符号の例**
▶**身体の一部の特徴を電子計算機のために変換した符号**
DNA，顔，虹彩，声紋，歩行の態様，手指の静脈，指紋・掌紋
▶**サービス利用や書類において対象者ごとに割り振られる符号**
基礎年金番号，住民票コード，各種保険証，マイナンバー，旅券（パスポート）番号，免許証番号

1. 個人情報とは

1. 個人情報

　氏名や生年月日など，その人がだれなのかを識別できる情報を**個人情報**といい，**個人情報保護法**❶で定義されている❷。**個人識別符号**（図40）も個人情報に含まれ，個人情報保護法では，これらの情報を適正に扱い，個人の利益や権利を保護することを国や地方自治体，事業者などに義務づけている。

2. 要配慮個人情報

　ヒューマンサービス従事者にとって，より注意が必要なのは**要配慮個人情報**❸である。医療や介護の現場では，従事者の間で要配慮個人情報を共有し，連携をとりながら支援にあたる。それだけに，ヒューマンサービス分野では，個人情報の取り扱いに対する意識は高く，なかにはプライバシーマーク（図41）を取得する事業者もいる。

3. 個人情報の取得と本人の同意

　個人情報の取得や第三者への提供には，本人の同意が必要になる。この「本人」には，知的障がいや精神障がい，認知症などにより判断能力が不十分な人も含まれる。障がいがあるから判断できないと決めつけるのではなく，相手の状態に合わせた説明方法の工夫や意思表示の方法を考え，意思決定をサポートすることも重要な役目である。

（図42）　**個人情報流出の例**
●**サイバー攻撃などによるもの**
・医療機関に対するサイバー攻撃により，電子カルテが使用不可となる。
・大学のシステムがサイバー攻撃を受け，学生メールアドレスと住所が流出

●**人為ミスによるもの**
・生徒の成績情報入り USB メモリの紛失
・介護保険利用者の相談内容を書いたメールの誤送信
・名簿の紛失，誤廃棄
・名簿の不適切な廃棄
・元従業員が顧客情報を持ち出し

2. プライバシーとは

1. プライバシー

　プライバシーとは，個人の私生活にかかる事柄，またはそれを他人や社会から知られず，干渉されない権利のことである。知られたくない秘密を公開されたり，自分が写り込んでいる写真を勝手にホームページに載せられたり，家を覗かれたりするのはプライバシーの侵害にあたる。

2. 秘密保持義務の大切さと難しさ

　ヒューマンサービスの現場では，プライバシーに触れることが多い。介護の現場を想像してみよう。寝室のなかや入浴，排せつのようすなど，本来知ることはないプライバシーを従事者は知ることになる。利用者側からすると，介護が必要にならなければ他人には知られないことばかりである。従事者には配慮を持ってプライバシーにかかわることと，見たこと，知ったことを他者に漏らさないことが求められる❹。

　最善のサービスを提供するために，従事者間で情報を共有することも必要である。この場合，利用者の同意が前提であり，共有する内容は最小限に止めるべきである。しかし，生命や財産への危機が予測される場合はどうだろうか。秘密保持と情報共有の間で悩むことがあるかもしれない〔Column〕。一つ一つの事例に対して慎重な判断が求められる。

図 41　プライバシーマーク

たいせつにします　プライバシー
10123456(01)

❹ヒューマンサービス従事者には，職業上知り得た情報を正当な理由なく漏らしてはならない，とする秘密保持義務がある。社会福祉士，介護福祉士が規定に違反した場合は，1年以下の懲役または30万円以下の罰金に処せられる（社会福祉士及び介護福祉士法第46条，第50条）。

Column

秘密保持義務とジレンマ

　秘密保持義務には，「正当な理由なく」という一言がついている。例えば，配偶者やパートナーから暴力を受けていることは，他者に知られたくないし，内緒にして欲しいといわれるかもしれない。

　しかし，従事者には対象者の人権や命を守ることも求められる。秘密保持よりも，事実を関係機関に伝えることが優先される場合もある。

Column

プライバシーの侵害と賠償命令

　「プライバシーを侵害，ヘルパーらに賠償命令」これは，実際の新聞記事の見出しである。ホームヘルパーが担当している高齢者の介護のようすを，実名入りで自身のブログに書き込んだことがプライバシーの侵害と認定された。

　裁判では「他人に知られたくない私生活を公表しており，プライバシー侵害や名誉毀損にあたる」と指摘された。ブログに書き込んだ内容は業務で知ったことであり，プライバシー保護の指導を怠っていたとして，事業者の賠償責任も認めた。

　SNSが身近な存在になり，同様の事件は多数ある。着替えや食事がままならないようすを暴露された高齢者本人や家族の気持ちを想像してほしい。ヒューマンサービスの仕事は，相手を思いやる想像力と高い職業倫理が求められる。

プライバシーを侵害！
ヘルパーらに
賠償命令

第6章

9　ヒューマンサービス従事者に求められる資質

3. 尊厳

1. 多様な生き方，考え方を受け入れる

日本国憲法第13条は「すべて国民は個人として尊重される」と定めている。私たち人間は，その生まれ育った国や地域，政治，宗教，文化などが異なるため，その生き方や考え方は実に多様である。多様な生き方，考え方をする存在として尊重されることを個人の尊厳という。

2. 存在そのものを受け入れる

現代の社会においては，その人が持っているもの（学力，労働能力，生産性，経済力，体力，健康，美しさ，若さなど）で評価されがちである。しかし，人間はおごそかで尊くかけがえのない存在であり，その存在そのものに価値がある。マザー・テレサは，路上で亡くなっていく人に「あなたは望まれて生まれて来たのです。あなたは存在する意味がある大切な人なのです」と語りかけたという。ヒューマンサービス従事者は，障がい者，ホームレス，認知症の人，いじめなどで引きこもり状態になっている人，虐待を受けている人などの尊厳を守る仕事であり，その人が自分の存在を肯定的に捉えられるようにかかわることが求められる。

Column

存在そのものを大切にする

次の文章は，認知症と診断されてからも2年半の間，食後の洗い物だけは，一人でやっている母親と一緒に暮らす娘が書いた文章である。

> 「母がする洗い物が，ときどき洗剤を使わずに水で流すだけだったり（しかもお湯を出す方法がわからなくなって，冬など冷たい水で洗い物をして，すっかり手を冷たくして戻ってくることがあった），汚れが残っていたりすることがあるのだが，よほどでない限り，見て見ない振りをするようにしている」

恩蔵絢子「脳科学者の母が，認知症になる」による

「できる」「できない」という能力に着目すると，母は洗い物ができなくなった人になる。しかし，食後に家族の洗い物をするという「母らしさ」は，認知症になっても変わらないと捉えることもできる。この母に，洗い残しがあることを指摘すると，母の自尊心を傷つける可能性がある。母にとっては，家族のために洗い物をやり遂げることが生きる活力になるかもしれない。能力の有無ではなく，存在自体の尊さを大切にすることが尊厳である。

＋データ　音楽療法士 音楽を通じて心身に障害のある人にはたらきかけ，言語や薄れかけた記憶，人間的な感情などを取り戻させ，その回復をはかる。MT（MusicalTherapist）とも呼ぶ。

4. ヒューマンサービスにかかわる者の責務

1. 職業倫理と倫理綱領

　職業倫理とは，職業人に求められる社会的な役割や責任を果たすための行動規範のことである。職業によって，特に守るべき倫理もあり，各専門職団体が倫理綱領を定めている❶。

　専門的な知識・技術を習得すれば資格を取得することができるが，資格を取得することがゴールではない。倫理観がないと，信頼を失うことにつながる。そのため，資格取得後も適切な倫理観を育むことが重要であり，倫理綱領はその指針である。

❶倫理綱領の例
　・全国保育士会倫理綱領
　・日本介護福祉士会倫理綱領
　・社会福祉士の倫理綱領
　・精神保健福祉士の倫理綱領
　・看護職の倫理綱領

2. より専門的に

　介護が必要な高齢者に対して，ホームヘルパーの援助だけで十分だろうか。その日1日を考えれば十分かもしれない。しかし，同居家族が転勤になったら，本人の病気が進行したらなど，専門職はあらゆる状況を予測し，柔軟に対応できなければならない。

　1980年代以降，日本の福祉分野では国家資格化や資格制度化が進み，より専門性の高い人材が養成されるようになった。一つのチームとして，多くの専門職が知識と技術を発揮してかかわることが求められる。

3. 人間が好きであること

　ヒューマンサービスは人の生活に密着した仕事である。人の生活に唯一の正解はない。自分とは異なる価値観のもとで生活している人を受け止めることに戸惑うこともあるだろう。自分の価値観や考え方の癖，どんな時に感情がゆさぶられるのか，どんな時に理屈がおかしいと感じるのか，自分を知ることはヒューマンサービス従事者にとって必須である。

　ヒューマンサービスは人対人の仕事である。安心して支援を受けてもらうには，信頼関係をつくることが大前提になる。相手のことを理解しようと努めること，そして，何より人間が好きであることが重要である。

TRY

あなたは保育士として働いているA先生です。ある日保護者から，「A先生は，お迎えに行った時，まったく子どものようすを話してくれない」「いつも時計ばかり気にしていて，話を切り上げたがっているようにみえる」と苦情がありました。
保育士の仕事は忙しいのだから，毎日丁寧に接することは無理だと安易に考えてはいけません。A先生の行動を倫理綱領に照らして考えてみましょう。

まとめ　●ヒューマンサービス従事者が取り扱う情報と守秘義務の重要性が理解できた。

第10節 高齢者施設訪問実習

ねらい ●ヒューマンサービスの素晴らしさ，大変さを体感しよう。

Step1　事前準備をしよう

訪問先施設について

　訪問先施設はどのような目的で設置されているのか，どのような人が利用しているのか，どのような職員が働いているのか，施設のホームページを見て書き出してみよう。

基本的なコミュニケーション方法を学ぶ

　入所者は高齢で，視力・聴力が低下していたり，認知症の症状があったりしてコミュニケーションをとることが難しい人も多い。車いすの操作，認知症の症状への対応，コミュニケーション技法を事前に学び，積極的にコミュニケーションをとるようにして欲しい。

TRY

QRから車いす介助の基本の動作を学ぼう。

Step2　身だしなみを整えよう

施設利用者は病気治療中の人，体力が低下している人が多い。感染症（インフルエンザ，O-157 など）対策を行い，感染症を施設に持ち込まない，施設から持ち帰らないことが重要である。

事前に予防接種歴が確認されたり，体調や体温の記録と提出が求められたりする場合もある。実習中は施設の指示に従い手洗い，マスク着用などの対策を行う。

次のような症状がある場合は，感染症が疑われるため，体験学習を担当する教員に相談しましょう。
発熱・悪寒／咳／呼吸困難／倦怠感／筋肉痛・関節痛／味覚障害／嗅覚障害／咽頭痛／鼻汁・鼻閉／腹痛・嘔気・嘔吐・下痢／結膜炎

服装は利用者の安全を守る，不快な思いをさせないという点に留意し，清潔感があり，動きやすいものを選択する。
以下は NG
× かがんだ時に胸元や背中が露出するもの
× 体のラインが出るもの
× アクセサリー
× 長い爪

TRY

QRから正しい手洗いのしかたを確認しよう。

Step3　実習に取り組もう

あいさつ，自己紹介
　あいさつは社会において人間関係を円滑にするための基本である。自分から先に心を込めてあいさつをしよう。さらに職員，利用者の名前を覚えるようにする。「○○さん」と話しかけやすくなるし，相手も親近感を覚えてくれる。

報・連・相を欠かさずに，積極的に取り組む
　「言われたことをやればいい」という義務的な態度ではなく，積極的に取り組んでほしい。ただし，職員の指示をしっかり確認する，わからないことは相談し，勝手に判断しない。

コミュニケーションをとる―会話の工夫―
　高齢者と何を話したらよいのか迷うだろう。昭和の出来事や最近のニュース，季節の話題など調べておくと会話の糸口になる。自分から話題を提供できない時は「聴き上手」をめざす。相手の目を見て，相槌を打ちながら会話を楽しもう。

プライバシーを守る
　施設は生活の場である。朝起きてから寝るまでのすべての生活行為を，介護職員の手助けを受けながら営む私的な空間である。例えば居室に入ること，ベッド周りのカーテンの開閉は業務の一つだが，利用者にとってはプライバシーを守りたい空間である。入室時はノックする，閉める時はきちんと閉めるなど，一つ一つの行為に配慮が必要である。
　また，帰り道に友人同士で「○○さんがね・・」と会話することも厳禁である。どこでだれが聞いているかわからない。職員同様に守秘義務を意識して体験学習にのぞむべきである。

Step4　活動を振り返ろう

　1日の活動を振り返り，友人と共有しよう。同じ施設での経験であっても，感じたことや考えたことは違うだろう。その違いのなかに，自分らしさや自分の強みが見えてくる。

5　また，今回の体験を高校生活にどういかしていくかも考えてみよう。それが，施設や利用者に対する恩返しにつながる。

TRY

振り返ってみよう
・今の率直な気持ちは？
・体験前後で心境の変化はあったか？
・印象に残った場面は？その時，自分は何を考え，どのような行動をとったのか？

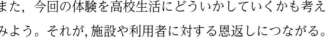

まとめ　●ヒューマンサービスの素晴らしさ，大変さを感じることができた。

TOPIC
「障がい」への正しい理解でだれもが暮らしやすい社会へ

「障がい」のある人への合理的配慮

　障がいがあるかないかにかかわらず，だれもが当たり前に暮らせる社会の実現が求められている。令和3年5月には障害者差別解消法が改正された。私たちは社会における平等と平和をめざし，誰もが障がいへの正しい理解を持つ必要がある。自分たちができる合理的配慮を行動で示し，自分と異なる条件を持つ多様な他者の生活を想像し共感することが大切である。▶p.137

　「あいサポート運動」を知っているだろうか。

誰もが様々な障がいの特性，障がいのある方が困っていること，
障がいのある方への必要な配慮などを理解して，
障がいのある方に対してちょっとした手助けや配慮などを実践することで，
障がいのある方が暮らしやすい社会を
みなさんと一緒につくっていくことを目的とした運動で，
平成21年11月に鳥取県で始まりました。
〜まず知ることから始めましょう。それが共に暮らすことへの第一歩になるのです〜

あいサポート運動HPによる

　自分の住む地域でも，「あいサポーター養成研修」が開催されていたり，映像による学習が進められていたりする。積極的に参加して，自分にできることを考えてみよう。

私たちができる「合理的配慮」

　聴覚障がいがある人が，社会とつながるための言語として利用しているものの1つに手話がある。手話言語条例を制定した自治体は，全国で433自治体ある（2023年4月現在）。

　聴覚障がいがある人への合理的配慮のなかには，情報保障がある。情報保障とは，人間の「知る権利」を保障するものであり，年齢や障がいの有無に関係なく，だれでも必要とする情報にたどり着け，利用できることをいう。手話は聴覚障がいがある人にとって情報保障の一つの手段である。

手話を使えるようになるためには，以下の方法がある。

手話を取り入れたボーカル＆パフォーマンスグループ「HANDSIGN」は，手話を交えた独自の表現方法で，誰もが楽しめるライブを行っている

1. 地域の手話講習会	2. 地域の手話サークル
地方自治体では，手話講習会を実施しているところが多い。聴覚障害者の福祉の向上や手話の普及，通訳者養成を目的としている。住んでいる市町村の障害福祉課などに問い合わせてみるとよい。	市町村などの地域では，手話サークルの活動が行われている。手話サークルでは，地域の聴覚障害者と共に，学習会やレクリエーションなどの活動を通して手話を学ぶことができる。
3. 専門学校・高等教育機関などの養成校	4. テレビ番組・書籍
手話通訳者を育成する専門的な学校や，学科がある。興味のある学校を調べてみよう。	NHK「NHKみんなの手話」は年間を通して，毎週一回の講座が放送されている。テキストも販売されており，自宅でも学ぶことができる。

　「手話」は，アイドルグループの振りつけなどにも用いられていることが多い。手話コミュニケーションで世界を広げてみよう！！

◇確認問題◇

1 私たちの生活を維持したり，より豊かにするために，専門職を中心とする人がサービスの担い手となって人に提供するサービスを（ ① ）という。

2 医療や介護の在宅化と，家庭での調理の省力化を背景に，（ ② ）サービスの市場は拡大している。

3 介護が必要な高齢者が自宅で生活を続ける場合，（ ③ ）は必要なサービスを分析，調整し，（ ④ ）は食事や入浴の介助などの身体介護を行う。また，通所介護や特別養護老人ホームでは（ ⑤ ）が介助してくれ，利用者や家族からの相談には（ ⑥ ）が対応する。

4 障がい者が一軒家やアパートで共同生活を行う場を（ ⑦ ）という。

5 障がい者が雇用されている企業に定着できるよう，障がい者本人と企業の双方を職場で直接支援する職業として（ ⑧ ）がいる。

6 就学前の子どもを預かる施設で働く仕事である保育士は「（ ⑨ ）」，幼稚園教諭は「（ ⑩ ）」と，仕事内容が異なる。

7 介護保険制度では，介護サービスを受けるために（ ⑪ ）を受ける必要があり，介護の度合いに応じて（ ⑫ ）1，2または（ ⑬ ）1〜5の7段階に分けられる。

8 障がいのある人もない人も，互いにその人らしさを認め合いながらともに生きる社会のことを（ ⑭ ）といい，社会の中にあるバリアを負担が重すぎない範囲で対応に努めることを（ ⑮ ）という。

9 個人の私生活にかかる事柄，またはそれを他人や社会から知られず，干渉されない権利のことを（ ⑯ ）といい，ヒューマンサービス従事者には職業上知りえた情報を正当な理由なく漏らしてはならないとする（ ⑰ ）義務がある。

① _____
② _____
③ _____
④ _____
⑤ _____
⑥ _____
⑦ _____
⑧ _____
⑨ _____
⑩ _____
⑪ _____
⑫ _____
⑬ _____
⑭ _____
⑮ _____
⑯ _____
⑰ _____

考えよう

1 情報，意思疎通を補完する用具やアプリケーションを実際に使用してみて，使いやすさなどをまとめてみよう。

2 ジェンダーフリーの商品にはどのようなものがあるか調べ，その特徴をまとめてみよう。

3 保育士と幼稚園教諭の仕事内容の違いを調べ，まとめてみよう。

4 障がい者差別解消における，合理的配慮にはどのようなものがあるか，まとめてみよう。

なりたい自分になるために知っておきたいこと

どうして人は
働くのだろう？

職業人として果たす
べき責任にはどんな
ものがあるのかな？

高校卒業後の未来は
どのように見通した
らよいのだろう？

社会のなかで職業
はどんな役割を
担っているのだろ
う？

第1節 職業の選択と自己実現

✏️ねらい▶
●人はなぜ働くのだろう。
●職業は何のために存在するのだろう。

❶テレワーク　ICT（情報通信技術）を利用し，勤務先以外の場所で仕事をする働き方。「tele ＝ 離れた所」と「work ＝ 働く」をあわせた造語。新型コロナウイルス感染症の大規模感染が始まったばかりの2020年3月，テレワーク実施率は13.2%であったが，緊急事態宣言発令後の2020年4月には27.9%まで上昇した。その後も，2020年5月調査では25.7%，2020年11月調査では24.7%と，2020年3月よりも大幅に増加したことがわかる。（パーソル総合研究所調査による）

1. 人は何のために働くのか

1. 1日の多くを占める「仕事時間」

　私たち人間は，子供であっても，大人であっても，他者や社会とのかかわりのなかで，さまざまな役割を担いながら生きている。私たち自身も，高校生という役割以外に，家事の手伝いなど家族の一員としての役割はもちろん，地域の行事に参画したり，ボランティア活動を行ったりするなど，地域社会の一員としての役割も果たしている。この他，アルバイト従業員などの役割を担っている人もいるかもしれない。

「今日の仕事は楽しみですか」　2021年に品川駅の広告ディスプレイに表示され，「楽しみでなくても，しなくてはならない仕事はあるのに」などと批判が集まった。

高校や大学などを卒業した後も同様に，職業人，家庭人，地域社会の一員など，人はだれもが生涯という時間のなかでさまざまな役割を担って生きていく。

仕事に就いている人の場合には，1日の多くを仕事時間に当てていることも事実である。近年では，週休二日制を採用する企業が増えたことや，在宅勤務など，テレワーク❶の形態で働く人が増えたことにより，2020年の仕事時間はそれ以前に比べて減少している 図1 。

2. 人はなぜ働くのか

なぜ人は，仕事に就いて働くのだろうか。最も基本的な理由は，自分や家族の生計を支えるために必要な報酬（給与などの収入）を得るため働く，ということが上げられる。

しかし，私たちが働く理由はそれだけではない。私たちが手にする報酬は，私たちが働いて提供した商品・サービスを受け取った人が，それらの対価として支払った金額を主な財源とするものである。分業が進んだこんにちの社会では，生活に必要な商品・サービスは，それらを専門とする職業によって生産・提供されている。生活産業にかかわる職業人は，衣食住や子どもが育つこと，高齢者の看護や介護など，人が生きることや生活に密接にかかわる商品・サービスを提供することによって社会に貢献している。同時に，他分野の職業人が世に送り出してくれた商品・サービス，情報などを利用して日々を送っている。職業人は，職に就いて働くことによって誰かの役に立ち，より快適・安全で暮らしやすい社会づくりに貢献し，相互に支え合っている❷。

さらに人は，職に就いて働くことを通して，自分の能力（得意なこと）や個性を発揮し，それがだれかの役に立ったり，だれかに評価されたりする。それによって，やりがいや生きがいを感じることができる。人は，自分自身のためにも働く存在なのである 図2 。

❷この他にも，私たちが働いて得た収入をもとに納める税は，私たちの健康で豊かな暮らしに欠かせない以下のものの財源として活用されている。私たちは，納税を通しても，社会の存続・発展に貢献し，相互に支え合っている。
・社会保障・福祉（年金，医療など）
・社会資本整備（水道，道路など）
・公的サービス（教育や警察，消防，防衛）

図1 **仕事時間の推移**

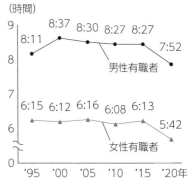

（時間）

（注）有職者全員の平日の生活時間のうち「仕事時間」の平均値。土曜日や日曜日に出勤し平日の一部が休日となる有職者や，パートタイム有職者も含む。

NHK放送文化研究所「国民生活時間調査2020」による

図2 **人が職に就いて働く三つの観点**

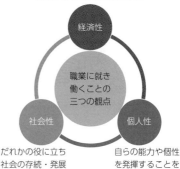

収入を得て生活を支えるため

経済性

職業に就き働くことの三つの観点

社会性

個人性

だれかの役に立ち社会の存続・発展に貢献するため

自らの能力や個性を発揮することを通して，やりがいや生きがいを感じることができるため

2. 職業と自己実現

1. 職業の選択

　人が働く理由はさまざまであるため，職業を選択する際にも色々な観点から情報を集め，十分に検討することが必要である。例えば，図3に上げる①〜⑤の観点は特に重要だろう。

　図3に上げたものはあくまでも一例にしか過ぎず，また，優先順位が決まっているものでもない。さらに，①・②・③として上げた例は，これからの高校生活で私たちが成長することによって，大きく変化するものであることを理解しておこう。例えば，「②自分のスキルや経験に合った職業を選ぶこと」については，私たちが今後，衣食住，保育，家庭看護・介護などに関する，より高度な専門性を習得すればするほど，選択肢も広がる。日々の学びを確実に積み上げていくことが大切である。

図3 職業を選択する観点

①自分の興味や関心が持てる職業を選ぶ

自分の好きなことや興味を持って取り組めることに携わることができれば，仕事へのモチベーションや向上心を保つうえでも役立つ。

②自分のスキルや経験に合った職業を選ぶ

自分の強みをいかせる仕事に就くことで，成果を出しやすくなる。

③将来的な展望を持って選ぶ

就職直後のみならず，5年後・10年後の自分がどうなっていたいかを考え，将来的にも自分が成長し続けるための努力をしたいと思える仕事を選ぶことで，より充実した職業生活を築くことができる。

④収入や福利厚生などの待遇条件も考慮して選ぶ

自分が納得できる待遇で働ける仕事を選ぶことで，経済的な不安などのストレスを軽減することができる。

⑤職場の文化や雰囲気を確認してから最終的な選択をする

自分が働きやすい職場であるかどうかを確認することで，長期的に働くための環境を整えることができる。

 **スキル**　後天的に獲得した技能や能力をスキルというのに対して，先天的な能力を表現する場合はアビリティーという。

2. 職業を通じた自己実現

　先述したとおり，職に就いて働くことは，収入を得るだけでなく，自分自身を高めて成長したり，社会とつながったりする貴重な機会でもある。人は職業生活を通して，自ら学び続けながら専門的な**スキル**（知識・技能）を高め，人としても成長を遂げる。同時に，顧客や同僚・上司・部下などさまざまな人と出会い，他者からの承認や評価を受けることを通しても成長し，働く意義や喜びを実感することができる。

　このようにして人は，職業生活を通して**自己実現**❶することも可能なのである 図4。

　人は，身体的にも精神的にも最も充実し円熟する，20歳前後から60歳代までの約40年間を職業人として生き，そのうちの多くの時間を仕事に費やす。この職業生活が，豊かで実りあるものとなるよう，今から努力を重ねていこう。

❶**自己実現**　自分の持つ能力や可能性を最大限に発揮し，自分がなし遂げたいと思っていたことを達成し，その結果，社会に貢献できている状態。

図4 **マズローの欲求段階**

欲求段階説（アメリカの心理学者，アブラハム・マズロー（1908〜1970）が考案したもの）

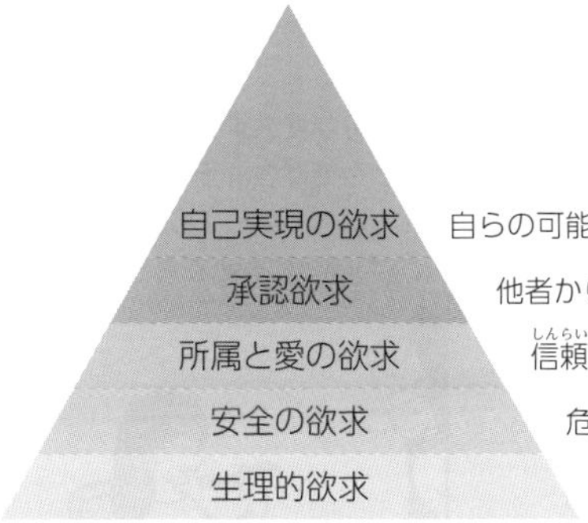

自己実現の欲求	自らの可能性を実現して，自分の使命を達成し，社会的な貢献も同時に成し遂げたいという欲求
承認欲求	他者から認められ，大切に扱われたいという欲求
所属と愛の欲求	信頼できる仲間と愛情を求める欲求
安全の欲求	危険を回避し，安全・安心な状態を求める欲求
生理的欲求	日常生活を送るための基本的・生理的な欲求

TRY

　現在活躍している職業人に，仕事のやりがいやモチベーションを高める方法などについてインタビューしてみよう。
①仕事内容　（　　　　　　　　　　　　　　　　　　　　　　　　　　　　　　　　　）
②仕事のやりがい

③モチベーションを高める方法

まとめ　●人はなぜ働くのかについて，理解することができた。

第2節 職業人に必要な資質

ねらい ●職業人として活躍するためには，どのような力を発揮し，どのような社会的責任を果たす必要があるのだろうか。また，世界屈指の高齢社会である日本において，特に重要なことは何だろう。

❶デジタル・デバイド（digital divide）
コンピュータやインターネットなどに代表される情報通信技術（ICT：Information and Communication Technology）を利用したり使いこなしたりしてそれらの恩恵を受けることのできる人と，できない人との間に生じる経済格差をさす。「情報格差」と訳される。

1. 職業人の役割と責任

職業人は，社会に必要な商品・サービスを提供するのと同時に，人々が直面している問題や困難の改善につながる商品・サービスの開発と提供も行う。問題や困難には，気候変動やデジタル・デバイド❶など，さまざまなものがある。これらの課題解決を通して，職業人は「社会課題の解決に貢献する」という重要な役割を担っている。このような役割を担ううえで職業人が果たすべき主な責任は，図5のようなものがある。

図5 職業人が果たすべき主な責任

▶法令などを遵守する責任

職業人は，国や自治体が定める法令などに従う義務があるだけでなく，企業や業界団体が定めたルールや規則を遵守する責任がある（注）。

就業規則
〇〇会社

▶専門知識・技能向上の責任

職業人は，自分の専門的な知識や技能を最新のものに保ち，常に向上させる責任がある。また，相互に研鑽し合い，業界全体のレベルアップに貢献する責任がある。

▶顧客ニーズ充足の責任

職業人は，自分が提供する商品・サービスが顧客にとってどのような価値を生むかを理解し，顧客のニーズに合わせた商品・サービスの開発に努める責任がある。

▶説明と傾聴の責任

職業人は，適切なコミュニケーション手段を選択し，自分の職務に関連する情報を正確に伝え，相手の意見を真摯に聞く責任がある。この場合の「相手」は顧客のみならず，同僚や上司などを含む。

▶職業倫理を尊重する責任

職業人は，自分の職務を行う際，常に倫理的な配慮をする責任がある。職業倫理の軽視は，その業界全体への信用が失われることにつながる深刻な事態を招くことになる（▶p.153）。

注）具体的には，成立した契約の確実な履行，個人情報の漏洩防止，人権の尊重（人種，性別，性的指向，宗教，国籍などにもとづく偏見や差別の排除）などに細心の注意を払わなければならない。

+データ **コンプライアンス** 法令遵守。企業や個人が法令や社会的ルールを守ること。違反の例は食品の産地偽装，不正会計，ブラック企業に代表される労働環境の問題などがある。

2. 職業人に求められる倫理観

　一般的に**倫理**は、「人として守るべき道」「人が行動する際に規範となるもの」と説明される。特に、職業人が当然守るべきであると期待されていることを**職業倫理**という。

5　近年、職業倫理の崩壊であるとして関心を集めた事例として食品偽装問題がある **図6** 。このような食品偽装は食品表示法❷違反であり、行政機関による立入検査が実施され、該当の食品を回収しなければならないなどの対応が求められる。

10　また、**業務独占資格**❸として指定されている資格を持たずに作業を行った場合も、重大な職業倫理違反となる **図7** 。これらに違反した場合、人の命にかかわる重大な事態に陥る可能性もある。

　さらに、近年のデジタル社会の進展に伴い、個人情報の利
15　用が著しく拡大していることを受け、「個人情報の保護に関する法律」の改正が重ねられている。例えば、2020年改正法（2022年4月施行）では、保有個人データの利用停止・消去等の請求権の拡充や、漏えいなどが発生した場合の個人情報保護委員会への報告および本人通知の義務化が新たに定
20　められた。人に深くかかわる生活産業に従事する者として、個人情報の尊重と保護には常に最大限の関心を向ける必要がある。

❷食品を摂取する際の安全性や、消費者の合理的な食品選択の機会を確保するため、販売用の食品に関する表示について定めた法律。

❸**業務独占資格**　その資格を有する者でなければ携わることを禁じられている業務を、独占的に行うことができる資格。

TRY

> 近年の職業倫理違反の事例を調べてみよう。
> また、違反を未然に防ぐために実施すべきだったことについて話し合ってみよう。

図6　**食品偽装問題の例**

●ある精肉卸売業者が交雑種の牛肉を「和牛」と偽って販売していたことを受け、肉を仕入れていた焼肉店経営会社が当該卸売業者を刑事告発した（2019年）。

●中国や韓国から輸入したアサリを、A県産と偽装して中間流通業者に販売していたことを理由に、アサリの卸売業者が行政指導を受けた（2022年）。

図7　**業務独占資格を持たずに作業をすると違反になる例**

●都道府県による「ふぐ処理者」注1) としての認定を受けずに、ふぐをさばいて提供してはならない。
また、魚介類販売業者などが未処理のふぐを一般消費者に販売することも禁止されている。

●医療行為である喀たん吸引注2) を行えるのは、医師・看護師の他には、介護福祉士および一定の研修を修了し、都道府県知事による認定証の交付を受けた介護職員などのみである。

注1) 都道府県によって、ふぐ包丁師、ふぐ取扱者、ふぐ処理師、ふぐ調理士、ふぐ取扱登録者、ふぐ調理者ともいわれる。
注2) たんや唾液などの分泌物を自力で体外に出すことが難しい人に対し、吸引装置を使ってそれらを除去すること。

3. 職業人に求められる資質と能力

1. 職種などを問わずに求められる力の重要性

　職業人にとって，自らの専門知識や技能を高いレベルで保持し，その向上をはかることは重要な責任の一つである。しかし同時に，職種などを問わず，すべての職業人に共通して求められる資質や能力を身につけておくことも重要である。

▶p.152

　2011年に文部科学省は，「基礎的・汎用的能力」を提示した 図8 。これは，職業生活において「仕事をすること」に焦点を当てながら，分野や職種にかかわらず必要となる能力とされ，「人間関係形成・社会形成能力」「自己理解・自己管理能力」「課題対応能力」「キャリアプランニング能力」の四つの能力によって構成される。

　また2006年に経済産業省は，「職場や地域社会で多様な人々と仕事をしていくために必要な基礎的な力」として，「前に踏み出す力」，「考え抜く力」，「チームで働く力」の三つの能力から構成される「社会人基礎力」を提唱した。その後，2017年に「人生100年時代の社会人基礎力」と新たに定義した 図9 。

図8　基礎的・汎用的能力

「人間関係形成・社会形成能力」は，多様な他者の考えや立場を理解し，相手の意見を聞いて自分の考えを正確に伝えることができるとともに，自分の置かれている状況を受け止め，役割を果たしつつ他者と協力・協働して社会に参画し，今後の社会を積極的に形成することができる力である。
　例えば，他者の個性を理解する力，他者にはたらきかける力，コミュニケーション・スキル，チームワーク，リーダーシップなどが上げられる。

「自己理解・自己管理能力」は，自分が「できること」「意義を感じること」「したいこと」について，社会との相互関係を保ちつつ，今後の自分自身の可能性を含めた肯定的な理解にもとづき主体的に行動すると同時に，自らの思考や感情を律し，かつ，今後の成長のために進んで学ぼうとする力である。
　例えば，自己の役割の理解，前向きに考える力，自己の動機づけ，忍耐力，ストレスマネジメント，主体的行動などが上げられる。

分野や職種にかかわらず，
社会的・職業的自立に向けて必要な基盤となる
基礎的・汎用的能力

「課題対応能力」は，仕事をするうえでのさまざまな課題を発見・分析し，適切な計画を立ててその課題を処理し，解決することができる力である。
　例えば，情報の理解・選択・処理など，本質の理解，原因の追究，課題発見，計画立案，実行力，評価・改善などが上げられる。

「キャリアプランニング能力」は，「働くこと」の意義を理解し，自らが果たすべきさまざまな立場や役割との関連を踏まえて「働くこと」を位置づけ，多様な生き方に関するさまざまな情報を適切に取捨選択・活用しながら，自ら主体的に判断してキャリアを形成していく力である。
　例えば，学ぶこと・働くことの意義や役割の理解，多様性の理解，将来設計，選択，行動と改善などが上げられる。

　(注) これらの能力は，包括的な能力概念であり，必要な要素をできる限りわかりやすく提示するという観点でまとめたものである。この四つの能力は，それぞれが独立したものではなく，相互に関連・依存した関係にある。

中央教育審議会「今後の学校におけるキャリア教育・職業教育の在り方について（答申）」による

ステークホルダー　「stake（出資金）」と「holder（保有者）」を合わせた言葉で，企業活動を行う際に影響を受ける利害関係者のこと。顧客，従業員，株主，取引先，地域社会など（→p.43）。

ここで，「基礎的・汎用的能力」と「社会人基礎力」に共通していることに注目しよう。どちらも人間関係の形成や，チームワークの重要性を指摘し，課題を解決する力や新たなことにチャレンジする力などの必要性を示している。これらの力は，専門科目を含む教科や，総合的な探究の時間における学びを通して身につくことはもちろん，生徒会や委員会活動，文化祭や体育祭などの学校行事，部活動など，高校生活のさまざまな機会を通して向上させることができる。高校生として「やるべきこと」に真摯に取り組むことは，将来必要となる資質や能力を高めるうえでもきわめて重要である。

2.「人生100年時代」を迎えて必要なこと

「基礎的・汎用的能力」と「社会人基礎力」には，「今後の成長のために進んで学ぼうとする力」や「学び続けることを学ぶ」ことが含まれている。

医療技術や生活環境の改善などが進んだこんにち，日本は世界屈指の高齢社会を迎えており，今後さらに健康寿命が延びることも期待される。こうした「人生100年時代」にあっては，より長期的な展望を持ち，健康を維持しながら，技術の革新や社会自体の変容を視野に収めて学び続け，自己研鑽に努めることが必要となる。同時に，高齢期における職業生活も含めた，長期的なライフプラン Column を構築することも大切である。

図9　人生100年時代の社会人基礎力

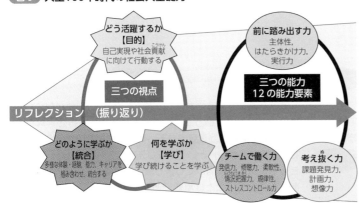

どう活躍するか【目的】
自己実現や社会貢献に向けて行動する

三つの視点

前に踏み出す力
主体性，はたらきかけ力，実行力

三つの能力
12の能力要素

リフレクション（振り返り）

どのように学ぶか【統合】
多様な体験・経験，能力，キャリアを組み合わせ，統合する

何を学ぶか【学び】
学び続けることを学ぶ

チームで働く力
発信力，傾聴力，柔軟性，情況把握力，規律性，ストレスコントロール力

考え抜く力
課題発見力，計画力，想像力

「人生100年時代の社会人基礎力」は，これまで以上に長くなる個人の企業・組織・社会とのかかわりのなかで，ライフステージの各段階で活躍し続けるために求められる力と定義される。社会人基礎力の三つの能力／12の能力要素を内容としつつ，能力を発揮するにあたって，自己を認識してリフレクション（振り返り）しながら，目的，学び，統合のバランスをはかることが，自らキャリアを切りひらいていくうえで必要と位置づけられる。

経済産業省「『人生100年時代の社会人基礎力』と『リカレント教育』について」による

まとめ
●職業人として活躍するために必要な力はなにか，理解できた。
●職業人としてどのような社会的責任を果たす必要があるのかを理解できた。

第3節 将来の生活と学業

✎ねらい ●高校卒業後の将来を展望するためにはどうしたらよいのだろう。
●理想とする目標や夢を実現させていくための方策にはどのようなものがあるだろう。

1. 将来設計と進路計画

1. 職業理解

「生活産業基礎(き そ)」を学んでいるみなさんの多くは、「家庭に関する学科」に在籍(ざいせき)している高校生だろう。自ら考え、進学先を選んだ経験は、将来を設計するうえでも役に立つ。

将来を設計するにあたり、まずは、中学校での経験をいかしながら、高校卒業後の進路計画を立てよう。就職するのか、進学するのか。進学するのであれば、専門学校か、短期大学か、四年制大学か、学部や学科はどうするのか、など考えるべきことはたくさんある。

このような進路計画を立てるには、大きく二つの方法がある。一つは、将来の目標や夢から逆算して考える逆算型思考（**バックキャスティング**）。もう一つは、過去のデータなどにもとづきながら、今の自分にできることは何かを考える積み上げ型思考（**フォアキャスティング**）である 図10 。

将来の目標などを起点に考える、逆算型思考にもとづく進路計画の立案では、職業理解を深めることが不可欠となる。これまで「生活産業基礎」を通して学んできたことをもとに、興味・関心を持った職業について、仕事の内容、労働条件、必要な資格・経験などについて詳細(しょうさい)に調べてみよう。

図10 進路計画立案の方策

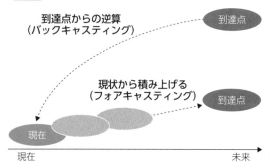

到達点からの逆算
（バックキャスティング）
到達点

現状から積み上げる
（フォアキャスティング）
到達点

現在

現在　　　　　　　　　　未来

進路計画を立てるにあたり、バックキャスティングとフォアキャスティングという二つの思考方策を常に並行させながら、計画を立てることが重要である。特に進学を希望する場合、「合格できるかどうか」という不安が先に立ち、「今の自分で合格できる学校探し(さが)」に陥(おちい)ってしまう場合もある。もちろん、合格可能性を検討することは重要であるが、それに偏(かたよ)ってしまうと、自ら納得できる主体的な選択(せんたく)とはならず、結果として将来の設計も難しくなってしまう場合がある。

➕データ　マイクロアントレプレナー　まとまった資金や従業員を必要としない「一人での会社経営」。自己裁量で好きな業務をするスモールビジネスを立ち上げるという働き方もある。

2. 就業体験活動（インターンシップ）

　職業理解を深めるための方法は，関連書籍やWebサイトを読むことの他にもたくさんある。例えば，高等学校に届く求人票からは，その職業の求人数や，採用条件，給与水準，職務内容などを知ることがでる。また，職業人インタビューの機会を活用することも有効である。

　就業体験活動は，職業理解を深めるための一番の近道であり，職業理解に不可欠な方策である。職業現場で働く経験は，実際に必要とされる知識や技術を学んだり，仕事以外にも職業人として必須となるルールやマナーを体験的に知るためにもきわめて重要な機会となる。就業体験活動にのぞむ際には，各高校で実施される事前学習・事後学習を含めて，真摯に取り組んでほしい。

3. 職業資格

　これまで「生活産業基礎」を通して，私たちは職業資格について詳しく学んできた。「家庭に関する学科」での学びは，職業資格の取得のみを目的とするものではないが，職業資格の取得によって社会的に認められることにつながり，就職活動において有利になる場合もある。

　進路計画を立案するうえで大切なのは，次の2点である。一つは，職業資格には，高等学校で特定の学科などを卒業したことを条件に取得できるものと，上級学校への進学が必要なものとがあること。もう一つは，特定の職業に就くために取得が必須となる業務独占資格がある一方，必須でないものもあること。▶p.153この場合，必須でないものとは，資格取得や検定合格が就職する時に有利にはたらく場合があるものをさす。これらは，職に就くための前提条件となっていない場合もある❶。

　この他，職業資格には，**国家資格，公的資格，民間資格**があることも知っておく必要がある。

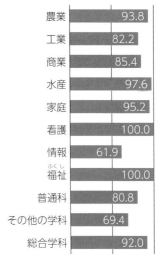

図11　インターンシップ実施率

	(%)
農業	93.8
工業	82.2
商業	85.4
水産	97.6
家庭	95.2
看護	100.0
情報	61.9
福祉	100.0
普通科	80.8
その他の学科	69.4
総合学科	92.0

国立教育政策研究所「職場体験・インターンシップ実施状況等結果（平成29年）」による

❶資格取得者だけがその名称を名乗ることが認められる**名称独占資格**もその一つである。例えば，国家資格である保育士は名称独占資格の一つである。保育士の資格がない者が，「保育士である」と名乗ることは法律で禁止されている。

図12　職業資格

国家資格	公的資格	民間資格
国や国から委託を受けた機関が法律にもとづいて資格試験を実施し，国が一律に認定する資格。	地方公共団体や公益法人などが資格試験を実施し，各省庁や大臣あるいは地方公共団体が認定する資格。	民間団体や企業が，独自の審査基準にもとづいて認定する資格。

2. 学習計画

1. 進路計画と学習計画

　学習計画とは，進路計画にもとづいて，今後は各学年でどのような教科・科目を選択し，何を学ぼうとするのかに関する計画をさす。自分自身が成長し，将来の目標の実現につながる学習計画を立案するためには，逆算型思考にもとづく進路計画が不可欠となる。
▶p.156

　目標や夢を実現するために立てられた進路計画は，何のために，何をめざして学ぶのかという学習の目標にもなる。学習計画にそった教科・科目を選択し，それらを学ぶ過程において困難に直面したとする。それでも，それをやり遂げようとする意欲を高めてくれるのは，自分自身が逆算型思考にもとづいて立てた進路計画である。目標が具体的であり，自分にとって頑張れば実現可能なレベルのものとなっていれば，勉強に対する意欲を保ち続けることにもつながる。

　また，学習計画にそった勉強を継続するためには，図13 のような工夫を加えることも有効である。

図13 勉強を継続する工夫

▶日々の学習スケジュールを作成する
無理なく継続可能な勉強時間や勉強内容を明確に記載したスケジュールをつくり，その時間帯には学習以外の目的でスマートフォンを使わないなどのルールを自ら設定する。

▶学習環境を整える
必要な文具や資料を用意し，自分に合った環境にする。（例えば，音楽をききながら勉強することで集中力が高まる人もいれば，静寂のなかが効果的な人もいる。）

▶友人たちと切磋琢磨する
生活産業を支えるプロフェッショナルになるという共通の目標を持った仲間と支え合い，時に競い合いながら学習することはきわめて有効である。

無形資産　目に見えない資産。技術，人脈，経験，家族，信頼，健康，SNSのフォロワー数など。人生100年時代において，いずれお金を生み出すことができる資産。

2. 生涯学習と職業生活

　技術革新が進み，新たな知識や技能へのニーズが高まるなかで，職業人が仕事で求められる能力を磨き続けるために自ら進んで学び直す**リカレント教育❶**や，**リスキリング❷**への
5　関心が高まっている。

　例えば，製パン業界では，技術者が日常業務をこなしつつオンライン上で製パン技術の伝統と最新状況を学べる「WEB教育コース」が開発された。会社によっては，受講費用の一部を助成する計画が具体化している。また，ある食
10　品メーカーでは，会社指定の**eラーニング❸**・通信教育・語学学習講座の受講費用を助成し，所定の公的資格を取得した従業員に奨励金を支給している（いずれも2022年現在）。

　高校，専門学校，大学などを卒業した後の就職は，さまざまな可能性を秘めた長い職業生活の始まりであって，終着点
15　ではない。生涯にわたって学び続けることによって，新たな可能性の扉を開くことができるのである。

▶p.21

❶リカレント教育（recurrent education）　学校教育からいったん離れたあとも，それぞれのタイミングで学び直し，仕事で求められる能力を磨き続けていくための社会人の教育や学習のこと。

❷リカレント教育は「働く→学ぶ→働く」のサイクルを特質とし，学ぶ内容については特に限定しないこともある。一方，リスキリングは，これからも職業で価値創出し続けるために必要なスキルを学ぶという点が強調される。リスキリングに類似した意味の言葉に，アップスキリング（upskilling）がある。

❸e-ラーニング（e-learning）　electronic learningの略。情報通信技術を用いて行う学習。

TRY

高校卒業後，5年後・10年後・20年後を想定し，各年代での職業人としての自分の姿を描いてみよう。

⚑ **Column**

マルチステージの人生と生涯にわたって学び続ける学習者の育成

○人生100年時代は，同一年齢での単線的な学びや進路選択を前提とした人生のモデルから，一人ひとりの学ぶ時期や進路が複線化する人生のマルチステージモデルへと転換することが予測されている。こうした社会の構造的な変化に対応するため，学校教育における学びの多様化とともに，社会人の学び直し（リカレント教育）をはじめとする生涯学習の必要性が高まっている。

　職業に直結した学びのほかにも，ライフステージの変化（例えば結婚，出産，育児，介護，病気，退職など）に応じて生じるさまざまな悩みのなかで，「人生を豊かにするための学び」や「他者との学びあい」を身近なものとすることが重要である。また，高齢者を年齢によって画一的に捉えることなく，第二の人生を生きる個人の意欲や能力をいかすエイジフリーな社会に対応した学習機会の確保も重要である。

○生涯学習社会を実現するためには，まず，生涯にわたって学び続ける学習者としての基盤を学校教育などにおいて培うことが重要である。初等中等教育や高等教育において，学習内容を人生や社会のあり方と結びつけて深く理解することや，興味・関心を喚起する学びを提供することなどにより，学びを習慣化し，生涯にわたって能動的に学び続けるための態度を涵養することが重要である。

中央教育審議会教育振興基本計画部会「次期教育振興基本計画の策定に向けたこれまでの審議経過について（報告）（2023年）」による

💬**まとめ**　●高校卒業後の将来を考え，理想とする目標や夢を実現させていくための方策を考えることができた。　**159**

TOPIC
日本は男女平等の国？

こんなに違う　閣僚の男女比率

図1 フィンランド：マリーン内閣（2019年）

フィンランド		
女性	男性	計
人	人	人

図2 日本：第2次岸田改造内閣（2022年）

日本		
女性	男性	計
人	人	人

フィンランドと日本
それぞれの人数を数えてみよう

ジェンダー・ギャップ指数

　みなさんは小学校から中学校，そして高等学校で過ごすなかで，男女不平等を感じたことは少なかったかもしれない。それは **図3** のように，日本の教育分野では，男女平等であると評価されていることからもわかる。一方，政治と経済分野の評価は著しく低い。このままの状況では，学校を卒業して社会生活を送るようになると，男女不平等を実感することが増えるかもしれない。どのような状況で，どのような不平等を感じることがあると，考えられるだろうか。

図3　ジェンダー・ギャップ指数（GGI）

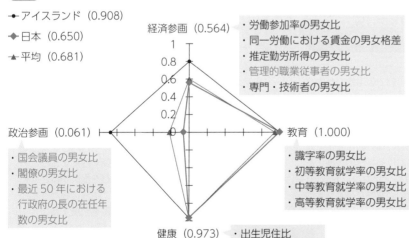

- アイスランド（0.908）
- 日本（0.650）
- 平均（0.681）

経済参画（0.564）
- 労働参加率の男女比
- 同一労働における賃金の男女格差
- 推定勤労所得の男女比
- 管理的職業従事者の男女比
- 専門・技術者の男女比

政治参画（0.061）
- 国会議員の男女比
- 閣僚の男女比
- 最近50年における行政府の長の在任年数の男女比

教育（1.000）
- 識字率の男女比
- 初等教育就学率の男女比
- 中等教育就学率の男女比
- 高等教育就学率の男女比

健康（0.973）
- 出生児住比
- 健康寿命の男女比

注）（　）内は日本の値

順位	国名	値
1	アイスランド	0.908
2	フィンランド	0.860
3	ノルウェー	0.845
4	ニュージーランド	0.841
5	スウェーデン	0.822
10	ドイツ	0.801
15	フランス	0.791
22	英国	0.780
25	カナダ	0.772
27	アメリカ	0.769
53	イタリア	0.720
79	タイ	0.709
83	ベトナム	0.705
92	インドネシア	0.697
99	韓国	0.689
102	中国	0.682
115	ブルキナファソ	0.659
116	日本	0.650
117	モルディブ	0.648

内閣府男女共同参画局「ジェンダー・ギャップ指数（GGI）（2022年）」による

◇確認問題◇

① 勤務先以外の場所で仕事をする働き方を（ ① ）という。

② 職業を選択する際，収入や（ ② ）なども確認し，自分が納得できる待遇で働ける仕事を選ぶことで，経済的な不安などのストレスを軽減することができる。

③ 職業生活を通して（ ③ ），すなわち，自分の持つ能力や可能性を最大限に発揮し，社会に貢献できている状態にいたることも可能なのである。

④ 職業人が当然守るべきであると期待されていることを（ ④ ）という。（ ④ ）の崩壊であるとして特に関心を集めたのは「食品偽装問題」である。

⑤ 人生（ ⑤ ）年時代にあっては，より長期的な展望を持ち，健康を維持しながら，自己研鑽に努めることが必要になる。

⑥ 進路計画を立案するための方策には，将来の目標や夢から逆算して考える「（ ⑥ ）型思考」と，過去のデータなどにもとづきながら今の自分にできることは何かを考える「（ ⑦ ）型思考」がある。

⑦ 無資格で業務を行うと処分される資格を（ ⑧ ）資格といい，資格取得者だけがその名称を名乗ることができる資格を（ ⑨ ）資格という。

⑧ 高等学校に届く（ ⑩ ）からは，その職業の求人数や，採用条件，給与水準，職務内容などを知ることができる。

⑨ 学校教育からいったん離れたあとも，それぞれのタイミングで学び直し，仕事で求められる能力を磨き続けていくための社会人の教育や学習を（ ⑪ ）教育という。

⑩ 現在就いている職業で必要とされるスキル（知識や技能）の大幅な変化に適応したり，新しい職業に就いたりするために，必要なスキルを獲得することを（ ⑫ ）という。

①	_____
②	_____
③	_____
④	_____
⑤	_____
⑥	_____
⑦	_____
⑧	_____
⑨	_____
⑩	_____
⑪	_____
⑫	_____

考えよう

① 職に就いて働く理由は，自分や家族の生計を支えるのに必要な経済的な報酬を得るためだけである。○か×か。

② 高校生として教科の学習や行事や部活動に真摯に取り組み十分な社会人基礎力を身につけておけば，学び直しが不要になり，職業生活が充実する。○か×か。

③ 職業人が社会に果たすべき責任のうち，個人情報の漏洩防止はどの責任にあてはまるか。

　ア　職業倫理を尊重する責任　　イ　説明と傾聴の責任

　ウ　顧客ニーズ充足の責任　　　エ　専門知識・技能向上の責任

　オ　法令などを遵守する責任

生活産業とSDGs

　SDGsとは，2015年９月の国連サミットで採択された「持続可能な開発のための2030アジェンダ」に掲げられた，2030年までの国際目標である。持続可能な社会を実現するための17のゴールと，その課題ごとに設定された169のターゲットから構成され，地球上の人を「だれひとりとして取り残さない（No one will be left behind）」ことを誓っている。

　SDGsがめざしていることは，生活産業のさまざまな分野でも課題として取り上げられ取り組まれている。未来は自分たちでつくり出すものである。あたりまえに驚き，あたりまえを疑う姿勢をもち，一人ひとりが，そして生活産業全体が「持続可能な社会のつくり手」として課題意識を持ち，社会を見つめることが今求められている。

生活産業の取り組み例　　食生活分野

　サントリーホールディングス株式会社では，事業活動にとって重要な原料である水のサステナビリティに最優先で取り組んでいる。

水をテーマにした取り組み

・節水活動における「水の3R」の徹底 図1
・「天然水の森」における自然環境の保全
・事業活動における環境負荷低減
・豊かな生態系の象徴である野鳥の保護の重要性を社
　会と共有する「愛鳥活動」
・水の大切さを子どもたちに伝える「水育」　など

図1　水の3R

清浄レベルごとに回収した水を200tのタンクに貯蔵して再利用している

生活産業の取り組み例　　衣生活分野

　ユニクロやジーユーを展開する株式会社ファーストリテイリングでは，「服のチカラ」で世界を良い方向へ変えていくという概念で，世界共通の課題として解決に取り組んでいる。

グローバルな課題への取り組み

・地球環境に余計な負荷をかけない服づくり 図2
・働く人たちの健康，安全，人権を守ること
・さまざまな事情で服が手に入らない地域の人々に服を
　届けること　など

図2　ペットボトルを使用した服

ペットボトルを回収　砕いて洗浄　リサイクルポリエステルチップにする　糸にする　完成

日本国内での取り組み

・瀬戸内オリーブ基金活動 図3
　「ゆたかなふるさと100年プロジェクト」への支援 図4
　「ゆたかな海プロジェクト」への支援　など

図3　瀬戸内オリーブ基金

図4　苗木の植樹

生活産業の取り組み　住生活分野

　イケア・ジャパン株式会社では，手ごろな価格で資源・エネルギー効率の高い製品で，サステナブルな家を実現できる道を切り開いている。

サステナブルな暮らしをテーマにした取り組み

・エネルギー消費を減らす商品づくり　図5
・プラントベース食品の販売
・肉を使わないミートボールの開発
・クライメートフットプリント(環境への負荷)を低く抑えた
　ベジドッグ(肉を使わないホットドッグ)　など

図5　効率アップしたLED電球

リユースをテーマにした取り組み

・充電可能な電池
・リユースできるフードカバー　図6　など

図6　リユースできるフードカバー

生活産業の取り組み　ヒューマンサービス分野

　株式会社公文教育研究会(KUMON)では，人材の育成を通じて地球社会に貢献することをテーマに，その先にある世界平和をめざしている。

教育をテーマにした取り組み

・日本および世界60をこえる国と地域での教室展開
・学習療法，脳の健康教室〜高齢化社会の課題への試み〜
・障がい者施設での取り組み〜多様性の社会での人材育成の試み〜
・バングラデシュの貧困層の子どもたちが通う施設へ，持続可能な形での公文式の導入　図7
・質の高い教育を提供していくための教材と指導法の向上　など

図7
貧困層の子どもたちへ
持続可能な教育支援

SDGsをテーマにした取り組み

・地球環境に配慮した保全への取り組み　図8
・親子で学べるSDGsの入門書の出版　など

図8　植林活動

図9　FSC認証紙を使用した社用封筒

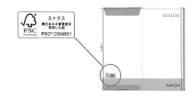

社会人になるためのマナー

名刺交換

1. 名刺に記載する事項

①会社名／法人名　②所属部署名　③役職　④名前　⑤住所　⑥電話番号　⑦メールアドレスなど

記載例

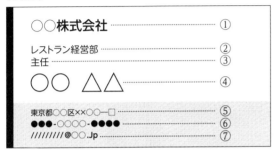

○○**株式会社** ……………………… ①

レストラン経営部 ……………………… ②
主任 ……………………………………… ③

○○　△△ ……………………………… ④

東京都○○区××○○一□ ……………… ⑤
●●●-○○○○-●●●● …………………… ⑥
//////////@○○.Jp ……………………… ⑦

あなたの名刺

記入してみよう

2. 名刺の出し方

①専用の名刺入れに収め, かばんや上着のポケットから取り出す。自分から先に名刺を渡す。

②立ち上がって, 相手が見やすいように正面を向け, 名前が隠れない位置を右手で持ち, 左手を添える。

③会社名・名前を名乗りながら, 自分の胸から相手の胸に向かって差し出す。

④名刺入れをお盆代わりに下にして差し出す場合もある。

⑤相手から先に出されたらあわてず受け取り, 「申し遅れました」と一言添えて差し出す。

＜申し遅れました。

3. 名刺の受け方

①両手で左手を主として受け, 右手を添えて「頂戴いたします」と言う。

②名前などの読み方がわからない場合は, 自分から聞く。

失礼ですが, どのようにお読みすればよろしいでしょうか。

③いただいた名刺は, 面談の間テーブルの上座に置くなどして顔と名前を覚える。

④頃合いをみて, 丁寧に名刺入れに入れる。

電話応対

電話のかけ方　基本的な流れ

実践してみよう

①挨拶
「★★会社の○○と申します。いつもお世話になっております。」

②取り次ぎ
「恐れ入りますが, 営業部の△△様はいらっしゃいますか。」
相手が電話に出た場合　→③へ。不在あるいは電話に出られない場合　→⑥へ。

③相手が電話に出た場合
「営業部の△△様でいらっしゃいますか。★★会社の○○と申します。いつもお世話になっております。お忙しいところ恐れ入ります。○○の件で, 今少しお時間をいただいてもよろしいでしょうか。」

④用件を話す
「先日ご相談させていただいた○○の件ですが, ～をお願いしたいと思っております。」

⑤締めの挨拶
(1)「ありがとうございます。失礼いたします。」
(2)「よろしくお願いいたします。失礼いたします。」
(3)「改めてご連絡します。よろしくお願いいたします。」　→⑧へ

⑥相手が不在あるいは電話に出られない場合
(A) 電話をかけなおすことを伝える
　「△△様は何時ごろお戻りでしょうか, そのころ改めてお電話いたします。」
(B) 折り返しの電話を依頼する
　「恐れ入りますが△△様がお戻りになりましたら折り返し, お電話をいただけますでしょうか。こちらの電話番号を申し上げます。090-oooo-××××です。」
(C) 伝言を依頼する
　「電話があったむねをお伝えいただけますか。」

⑦締めの挨拶
「それでは, よろしくお願いいたします。失礼いたします。」　→⑧へ

⑧電話を切る
どうすれば良いかな?

・電話を(　　　　　　　　　　　　　　　)方から切る。ただし, 目上の人など役職が高い人は相手が切るまで待つ。
・ガチャンと切らず, できれば空いている手で電話の(　　　　　　　　　　)を置く部分を押す。

電話応対のポイント

▶「会社の代表」という気持ちで応対する
▶「もしもし」は使わない
▶敬称や敬語を正しく使おう

⑧ かけた, 受話器

求人票を見てみよう

❶雇用形態　以下の種類がある。

①正社員…直接雇用で, 雇用期間の定めがなく, フルタイムのもの。
②正社員以外…臨時社員, 契約社員, 嘱託社員など, 正社員以外のもの。
③有期雇用派遣　④無期雇用派遣
また, 正社員採用されるために資格取得などの条件がある場合もある。

❶'就業形態　以下のいずれか。

・派遣・請負ではない　・派遣
・紹介予定派遣　・請負

❷職種　仕事の内容

採用後に従事する仕事の内容, また将来見込まれる仕事の内容が記載される。なお, 入社後に職種間の異動がある場合もある。

❸試用期間

試用期間がある場合, その期間について, 補足事項欄に記載がある。期間中の労働条件が異なる場合も⑳補足事項欄に記載がある。

❹就業場所・マイカー通勤
・転勤の可能性

採用後, 実際に働く場所が記載される。事業所所在地と就業場所が異なる場合があるためよく確認すること。
「転勤の可能性なし」となっていても, 研修を遠方で実施する場合や, 将来転勤を打診される場合もある。転勤できない場合は, 面接などで伝えておくのがよい。

❺屋内の受動喫煙対策

就業場所における受動喫煙の防止に向けた取り組みについて記載がある。

❼入居可能住宅

会社が用意する住宅が入居可能な場合は「単身用あり」「世帯用あり」が, 入居可能な住宅がない場合は「なし」が記載される。利用条件や宿舎費用などがある場合は, ⑳求人にかかる特記事項に記載がある。

❽通学

資格取得などのための通学制度を認めるか否かについて記載がある。

❻加入保険等　各種保険制度の加入状況が記載される。

・雇用…雇用保険。失業した場合などに支給される。
・労災…労災保険。業務上の病気・ケガなどの場合に支給される。
・健康…健康保険。業務外の病気・ケガなどの場合に支給される。
・厚生…厚生年金保険。老齢になった場合, 障がいが残った状態となった場合, 死亡した場合などに支給される。
・財形…勤労者財産形成促進制度。働く人の財産形成促進のための制度。
・退職金共済…退職金を確実に支払うため預金を社外に積み立てる制度。

❾賃金形態等

①月給…月単位で算定される賃金　②日給…日単位で算定される賃金
③時給…時間単位で算定される賃金
④年俸…年額が決められ, 各月に分けて支給される。支払い方法は会社ごとの規定を必ず確認すること。
※日給, 時給には月払い, 週払い, 日払いなどがある。

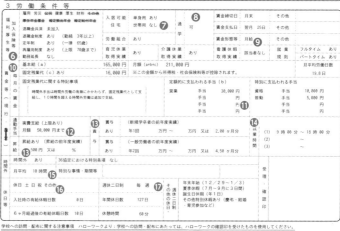

※不明点がある場合は, 学校の進路指導担当の先生またはハローワークに確認すること。

⑩賃金等（現行・確定），月額

「現行」の場合は，採用予定者の賃金がまだ決定していないため，当該年の新規高等学校卒業者採用者の賃金が記載される。「確定」の場合は，採用予定者の賃金がすでに決まっている。

※月額は，表示されている額から所得税・社会保険料などが控除される。

（例）記載額が218,000円の場合，所得税・社会保険料など，控除後の額は約180,000円前後となる（平成31年4月1日時点）。

※一定時間分の時間外労働に対する割増賃金を定額で支払う場合は，「固定残業代」ありとなっている。日給，時間給の場合は月額の概算が記載されている。

⑪手当

営業手当，職務手当などさまざまな種類がある。

⑫通勤手当

実費ではなく，会社規定の額で支給される場合がある。

⑬賞与　昇給

賞与は制度の有無，および前年度実績が記載される。昇給は制度および前年度1年間の実績または割合が記載される。会社・個人の業績により変動することがある。※前年の新規高卒者の採用実績がない場合，「前年度実績」欄は表示されない。

⑭就業時間

労働時間が変則的な「変形」や「交替制」の場合もある。

⑮時間外

早出出勤や残業のこと。時期により残業時間に差がある場合がある。

⑯休日等

休日出勤が必要な場合もあることに注意する。

有給休暇　入社時の有給休暇日数や6か月経過後の有給休暇日数欄には取得可能日数が記載されている。

⑰週休二日制

完全週休二日制を実施している場合は「毎週」，前記以外の形態で週休二日制を実施している場合は「その他」，週休二日制ではない場合「なし」と記載されている。

⑱選考日　複数応募

複数応募が「可」の場合，記載の期日以降は他の求人との併願が可能。

⑲選考方法

適性検査の具体的な検査名やその他が該当する場合は，その他（　）欄に詳細な記載がある。

⑳補足事項　求人条件にかかる特記事項

求人条件に関する特記事項，企業の特長や労働条件，福利厚生，試用期間の詳細に関する補足事項説明が記載されている場合があるため，必ず確認すること。

㉑募集・採用に関する情報

過去3年間の新卒採用者数・離職者数，新卒採用者数の男女別人数，平均勤続年数を確認できる。

㉒職業能力の開発及び向上に関する取り組みの実施状況

研修制度や自己啓発支援などの取り組みの有無や具体的内容を確認できる。

㉓職場への定着の促進に関する取り組みの実施状況

前事業年度の月平均所定労働時間の実績，有給休暇の平均取得日数，育児休業取得対象者数・取得者数（男女別），役員に占める女性の割合および管理的地位にある者に占める女性の割合を確認できる。

求人番号 ☐☐☐☐☐　受付年月日 令和　年　月　日　事業所番号 ☐☐☐☐☐
13070-　40139　受付安定所　　公共職業安定所
求人票（高卒）
事業所名　霞ヶ関電子興業 株式会社　　1307-940621-1　　（2／2）
※応募にあたって提出する書類は「統一応募書類」に限られています。

4　選考

応募・選考	受付期間	～ 9月5日以降随時	選考日⑱ 9月16日以降随時	複数応募 可（令和5年10月1日以降）	選考結果通知 面接後7日以内

既卒応募 可（卒業後概ね3年以内）　入社日 随時　（既卒者等の入社日）（赴任旅費）あり
高校中退者応募 可

選考場所 〒100-0000 東京都千代田区○○○1－×－×　○○線△△駅前 から 徒歩10分

応募前職場見学 可　補足事項欄参照

選考方法：面接　適性検査　その他（○○テスト，△△試験）⑲
学科試験　一般常識　国語　数学　英語　社会　理科　作文　その他
（選考旅費）あり・なし

担当 課係名・役職名 人事総務課 リーダー　氏名 コウロウ ヤスコ 厚労 安子
電話番号 99-9999-9876　内線 [　]　FAX 99-9999-9870
Eメール kasumigasekidenshikougyou@go.jp

5　補足事項・特記事項

補足事項：・試用期間：3ヶ月（試用期間中は固定残業代の支給はなし）
・転勤範囲：本人の希望，適性により将来的に転勤の可能性あり
転勤先所在地については当社ホームページ参照
（転居を伴う転勤はなし）
・応募前職場見学については，7月20日以降実施予定です。
・応募前職場見学への参加の有無によって採⑳決定するものではありません。

特記事項（求人条件に記入）：特別に支払われる手当　資格手当：当社の定める資格を保有している場合支給
皆勤手当：欠勤がない場合全給
※通勤距離の場合は現金により減額
・選考旅費について：上限50,000円まで
・入居可能住宅について：本人負担額10,000円（水道光熱費込み）
・運転免許について：社用車（AT車）を運転する場合があります
・通学可について：会社が認めた大学へ通学する場合は可能です
詳細はお問い合わせください。

青少年雇用情報

1　募集・採用に関する情報

		企業全体の情報			新規大卒等の情報		
		令和4年度	令和3年度	令和2年度	令和4年度	令和3年度	令和2年度
㉑(1)	新卒等採用者数	10人	11人	9人	4人	3人	3人
	新卒等離職者数	1人	2人	4人	0人	0人	1人
	新卒等採用（うち男性）	6人	7人	5人	2人	1人	2人
	新卒等採用（うち女性）	4人	4人	4人	2人	2人	1人
(2)	平均継続勤務年数	従業員の平均年齢（参考値）	18.5年	41.7歳		20.7年	40.2歳

2　職業能力の開発及び向上に関する取組の実施状況

(1)	研修の有無及びその内容	あり	新入社員研修（入社後2週間）※その後現場OJTあり（半年間），英語講習（通信制）簿記等講習（社外講習），管理職研修
(2)	自己啓発支援の有無及びその内容	あり	職務に資するものとして会社が認めた資格について取得費用の一部を補助します（上限あり）
(3)	メンター制度の有無	あり	
(4)	キャリアコンサルティング制度の有無及びその内容	あり	入社直後，入社3年目等の節目に人事担当者によるキャリア等に関する相談を実施
(5)	社内検定等の制度の有無及びその内容	あり	霞ヶ関電子興業社内検定

3　職場への定着の促進に関する取組の実施状況

		企業全体の情報		新規大卒等の情報	
(1)	前事業年度の月平均所定外労働時間／有給休暇の平均取得日数㉓	15.5時間	10.7日	5.8時間	12.8日
(2)	前事業年度の育児休業取得者数／出産者数※1	取得者数 女性 9人　男性 2人 出産者数 女性 12人　男性 10人		女性 3人　男性 1人 女性 5人　男性 4人	
(3)	役員及び管理的地位にある者に占める女性の割合※2	役員 22.1%　管理職 30.5%			

※1 については，男性は配偶者の出産者数を示しています。　※2 については，雇用形態に関わらず企業全体における割合を示しています。

産業分類 282 電子部品製造業　職業分類 048-04　就業場所住所 東京都千代田区　識別番号 ☐☐☐☐
雇用保険適用事業所番号 ☐☐☐☐☐

求人条件に関する注意事項　ハローワークより：求人票は雇用契約書ではありません。採用時には必ず，書面により労働条件の明示を受けてください。

出典：「'24新卒者募集のために」（東京労働局）

履歴書を書いてみよう

履歴書は企業に自分を知ってもらう，最初の「文字による自己紹介」の書類である。自筆で書くため，その書き方によって第一印象が良くも悪くもなる。記載内容が「正確」であると同時に，「ていねい」に書かれていることが大切である。事前に自分の記録をよく確かめ，何回か練習を重ねてから，自信を持って清書しよう。

書き方の基本
(1)黒インクのペンかボールペンで，自分自身の手で書くこと。
(2)字は楷書で，ていねいに，一字一句省略しないで書くこと。
(3)数字は算用数字を用いる。
(4)誤字脱字に注意し，一字のまちがいでも書き直す。
(5)用紙を汚したり折ったりしない。

※写真の服装は無帽・正装(上着着用)。
髪型も清潔感が重要である。

各項目の記入上の注意

❶作成日
提出日前1週間のいずれかの日付にする。算用数字を用いる。

❷氏名・性別・生年月日
住民票に記載されているとおりに書く。名字と名前の間は1字分あける。ふりがなは「ひらがな」で，漢字の上にふる。

❸現住所
都道府県名から書く。番地は算用数字で，例のように一字も省略せずに書くこと。

❹連絡先
現住所と同じなら空白にするか，「同上」と記入。

❺学歴
「○○県立」から書くなど，正式名称で記載する。省略記号「〃」は使わない。

❻職歴
なければ「職歴なし」。アルバイトは職歴に加えない。

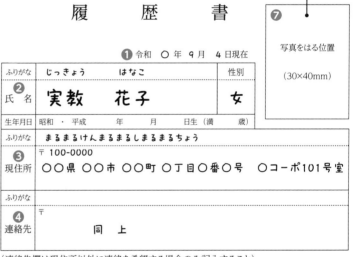

履 歴 書

❶ 令和 ○ 年 9 月 4 日現在

ふりがな	じっきょう　　　はなこ		性別
❷ 氏 名	実教　　花子		女
生年月日	昭和・平成　　　年　　月　　日生(満　　歳)		

ふりがな	まるまるけんまるまるしまるまるちょう
❸ 現住所	〒 100-0000 ○○県 ○○市 ○○町 ○丁目○番○号　○コーポ101号室
ふりがな	
❹ 連絡先	〒 　　　同　上

(連絡先欄は現住所以外に連絡を希望する場合のみ記入すること)

	平成 令和	○年 4月	○○県立○○　　　　　　　　高等学校入学
❺ 学 歴 ・ ❻ 職 歴	平成 令和	○年 3月	同校○○科卒業見込
	平成 令和	年　月	以上
	平成 令和	年　月	
	平成 令和	年　月	
	平成 令和	年　月	

(職歴にはいわゆるアルバイトは含まない)

❼
写真をはる位置
(30×40mm)

志望動機の書き方　※以下の2点が述べられているとよい。

(1)なぜこの仕事を選んだか

幼いころからの夢や希望, 適性(自分に合っている), 高校で学んだことがいかせる, その仕事の持つ意義など

(2)なぜこの会社を選んだか

会社の雰囲気(ふんいき), 実績, 製品のすばらしさ, 将来性など

書き方の具体例

　私はお菓子(かし)が好きです。〇〇高校の〇〇科でも何種類かのお菓子をつくってきましたが, 実習で練り切りをつくったときに, 和菓子の持つ美しさに心をひかれ, 和菓子をつくる仕事に就きたいと思うようになりました。御社は創業〇年の伝統ある会社であり, 地域の人に長く愛されている会社です。また, 御社の製品は, 伝統的な和菓子のよいところを残しながら, 常に新しい形やおいしさも追求しているところがすばらしいと思います。御社に入社できましたら, 部活動でつちかえた体力と精神力で, 頑張(がんば)りたいと思います。

(応募書類　その1)

	取得年月	資格等の名称
❽ 資格等	旧　令和〇年〇月 　　令和〇年〇月 ↓　令和〇年〇月 新　令和〇年〇月	日本漢字能力検定　2級 （日本漢字能力検定協会） 全国高等学校家庭科食物調理技術検定 2級(全国高等学校家庭科教育振興会)

		❿ 校内外の諸活動	
❾ 趣味・特技	読書(推理小説など) 庭園歩き スケッチ(料理) けん玉		1年　テニス部、図書委員 2年　テニス部、部長 　　　文化祭実行委員 3年　テニス部 　　　文化祭実行委員長

❶❶ 志望の動機	私は〇〇高校で食物調理や栄養に関する基礎を学び、ホテルの厨房でシェフとして働きたいと思うようになりました。日本の料理が世界から注目されていることに興味がわき、その魅力を伝える仕事に就きたいと考え、日々、勉強しています。 　先日、御社が経営するホテルのレストランを拝見し、作業する人たちの厳しい中にも温かみを感じさせる雰囲気に好感を持ち、入社を希望しました。私は、体を動かして働くこと、特に料理を作ることが大好きです。高校では長時間に及ぶ調理実習にも無欠席で取り組んでいます。 　御社に入社できましたら、積極的に仕事に取り組み、1日でも早く1人前のシェフと言われるようになりたいです。 どうぞよろしくお願いします。
備考	（空白のままでよい）

全国高等学校統一用紙(文部科学省、厚生労働省、全国高等学校長教会の協議により平成17年度改定)

---

❼写真

3ケ月以内に撮影した「証明書用」を使う。はがれ落ちないよう注意して貼りつける。裏面に学校名・名前を書いておくとよい。

❽資格等

検定試験などによって認定された資格を「正式名称(めいしょう)」で, 取得年月日順に記入。ない場合は「特になし」と記入。

❾趣味・特技

具体的に書く。面接で聞かれることも多いため, 答えられるようにしておく。趣味は興味を持ってやっていること, 特技は「資格」以外で自分が自信を持っている技能があれば書く。

❿校内外の諸活動

所属クラブ名・役職名・業績など, 学年を追って順序よく書く。生徒会やホームルームでの役員・係活動の記録も記入する。

❶❶志望の動機

求人票や会社案内, 会社見学で説明を受けたことなどをもとに会社の内容をよく調べたうえで, 選んだ理由, 入社して何をしたいかなど, 意欲・熱意が伝わるように書く。自分の言葉で表現するのがよい。

体験を行う前の留意事項（じ こう）

　体験学習は知識を学ぶだけではなく，体験的な学習活動を通して，その業務の素晴らしさや大切さを体感的に理解することが重要である。実際の職業人の仕事内容をよく観察し，体験することによって，将来の自分探しの一つとなる。

【インターンシップ前の確認事項】

自分が特に意識しなければいけない点に✔をしよう。

（1）基本姿勢

　　　□担当者の指示をよく聞き，行動すること。

　　　□判断に迷った時は担当者に伺（うかが）うこと。

（2）対応

　　　□大きな声で丁寧（ていねい）に挨拶（あいさつ）をすること。（始業前・終業後など）

　　　□正しい言葉使いで会話をすること。

　　　□T.P.O.をわきまえて行動すること。

（3）健康管理

　　　□自分自身の体調管理を行うこと。

　　　□体調不良の場合は，必ず事前に担当の先生に連絡し，指示に従うこと。

（4）服装

　　　□原則ネックレスや指輪，ピアスなどのアクセサリーは身につけないこと。

　　　□爪（つめ）は短く切っておくこと。

　　　□長い髪（かみ）は束ねること。

（5）利用者のプライバシーを守る

　　　□体験中知り得た情報を他者に話さない。

　　　　（知らないうちに知っている対象者や顧客（こきゃく），職員のプライバシーに触（ふ）れているため。）

※上記以外にも，各学校の先生やインターンシップ先の担当者に事前に心得を確認しよう。

ロールプレイングをしよう

□1回目は台本通りに役割を演じよう。2回目は※①～⑤の中によいと思う言葉を書き，その言葉に言い換えて役割を演じよう。

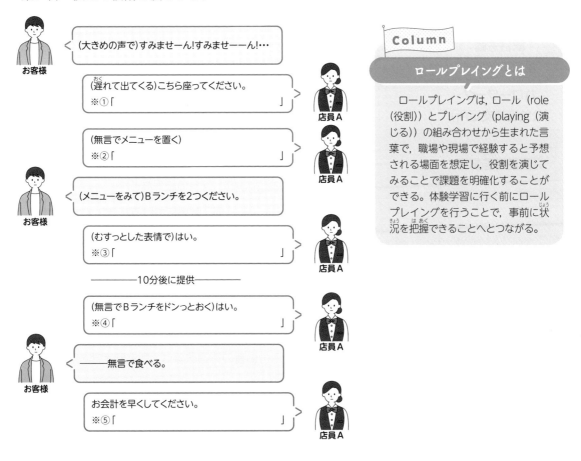

お客様　(大きめの声で)すみませーん!すみませーーん!…

店員A　(遅れて出てくる)こちら座ってください。
※①「　　　　　　　　　　　　　」

店員A　(無言でメニューを置く)
※②「　　　　　　　　　　　　　」

お客様　(メニューをみて)Bランチを2つください。

店員A　(むすっとした表情で)はい。
※③「　　　　　　　　　　　　　」

―――――10分後に提供―――――

店員A　(無言でBランチをドンっとおく)はい。
※④「　　　　　　　　　　　　　」

お客様　―――無言で食べる。

店員A　お会計を早くしてください。
※⑤「　　　　　　　　　　　　　」

Column

ロールプレイングとは

ロールプレイングは，ロール（role（役割））とプレイング（playing（演じる））の組み合わせから生れた言葉で，職場や現場で経験すると予想される場面を想定し，役割を演じてみることで課題を明確化することができる。体験学習に行く前にロールプレイングを行うことで，事前に状況を把握できることへとつながる。

②1回目と2回目でどのような気持ちになっただろうか。気持ちの変化を記入しよう。

生活産業従事者に求められる資質

Heart「温かい心」　　Hand「確かな技術」

Head「冷静な洞察力」　　Health「心身の健康」

職業倫理
誠実・連携・資質向上・信用失墜行為の禁止・秘密保持の義務（プライバシー保護）

働く人のための相談窓口

働くうえで疑問や悩み（なや）がある時は，以下の窓口に相談してみましょう。
相談はいずれも無料です。

総合労働 相談コーナー	—	労働問題に関するあらゆる分野の相談の受付（労働条件，解雇（かいこ），いじめ・嫌（いや）がらせなど）
ハローワーク （公共職業安定所）	—	職業相談，職業紹介・指導，職業訓練の受講あっせん，雇用保険の給付（仕事探し，失業給付，職業訓練など）
労働基準監督署（かんとく）	—	賃金，労働時間，労働者の安全と健康の確保などについての監督，指導，労働基準関係法令にもとづく許可，認可などの事務（安全の確保など）
都道府県労働局 雇用環境・ 均等部（室）（かんきょう）	—	・性別による差別，職場におけるハラスメント，就職活動中の学生などに対するハラスメント，妊娠（にんしん）・出産，育児休業などを理由とする不利益な取り扱い（退職強要，解雇，降格，契約（けいやく）の更新拒否（こうしんきょひ）（雇止め（やとい）め）など），妊産婦の健康管理などに関する相談の受付 ・仕事と子育て（かいご）や介護との両立支援（しえん） ・非正規雇用労働者の待遇改善（たいぐう） ※派遣（はけん）労働者の待遇改善は，職業安定部・需給調整事業部（じゅきゅう）
労働委員会	中央労働委員会	労働組合と使用者（会社）との間のトラブルの調整，使用者が組合員への不利益な取り扱いを行った場合や組合との団体交渉（こうしょう）を正当な理由なく拒否した場合の審査（しんさ），労働者と会社との間の個別のトラブル（辞めさせられた，辞めさせてもらえないといったトラブルなど）の解決の支援
	都道府県 労働委員会	
日本司法支援 センター （法テラス）	—	労働問題に関する法的トラブルの解決の支援
日本年金機構	全国の 相談・手続き窓口	厚生年金保険に関する相談の受付
	電話での 年金相談窓口	

各都道府県に設置されている労政事務所や労働相談窓口でも労働相談を受け付けています。住まいの都道府県のホームページなどをご覧ください。

さくいん

■監修

放送大学名誉教授
千葉大学名誉教授
宮本みち子

■編修

筑波大学教授
藤田晃之

東京都立農業高等学校教諭
河合寿子

文化服装学院専任講師
佐草勇樹

日本大学専任講師
佐藤奨平

山口県立厚狭高等学校教諭
重村直子

東京家政大学特任講師
柴崎祐美

文教大学教授
妹尾理子

東京都立農業高等学校教諭
綱淵ひかり

実教出版株式会社

表紙デザイン――(株)ウエイド
本文デザイン――広研印刷(株)
見返しデザイン――(株)キーステージ21

写真提供・協力――アサヒ飲料(株) 旭化成(株) 味の素(株) アフロ(株) イオントップバリュ(株) IKEA (一社)SUM (一社)健康な食事・食環境コンソーシアム事務局 (一社)越谷テロワール ウェルネスダイニング(株) 宇部フロンティア大学付属香川高等学校 Airbnb オイシックス・ラ・大地(株) 大阪市 大塚食品(株) (株)アーバンリサーチ (株)アールティ, (株)ヒライ (株)アダストリア (株)エアークローゼット (株)おこめん工房 (株)共同通信イメージズ (株)公文教育研究会 (株)ケアファッション (株)ジーユー (株)システムギアビジョン (株)小学館 (株)ツバサ (株)出前館 (株)天童木工 (株)トゥモローランド (株)東洋経済新報社 (株)ニチレイフーズ (株)newn (株)Virtusize (株)パイロットコーポレーション (株)パルコ (株)ハルメク (株)ビームス (株)ビジコム (株)船井総合研究所 (株)マガジンハウス (株)mixi (株)Mizkan (株)メルカリ (株)モスフードサービス (株)ユナイテッドアローズ (株)良品計画 (株)ロイヤリティマーケティング カリモク家具(株) 北広島町 きららラポール尾道 キリンホールディングス(株) 久慈市 経済産業省 (公財)鉄道弘済会 (公財)日本障害者スポーツ協会 こがねはら子ども食堂 サントリーホールディングス(株) CLO Virtual Fashion シタテル(株) シチズン時計(株) 社会福祉法人ときわ会 消費者庁 スターバックスコーヒージャパン(株) 象印マホービン(株) ちびっこ計画大塚謙太郎一級建築士事務所, 社会福祉法人みおつくし福祉会東喜連保育園, 社会福祉法人松蔭ミカエル福祉会認定こども園松蔭おかもと保育園 東京都多摩青果(株) 東レ ACS(株), CREACOMPO 東洋紡(株) 特別養護老人ホーム寿光園 鳥取県 にいがた通信 日清食品(株) 日本ケアフィット共育機構 日本情報経済社会推進協会 日本信号(株) 日本大学 日本マクドナルド(株) 日本理化学工業(株) 認知症サポーターキャラバン nunocoto fabric NAVER Z 農林水産省 函館視力障害センター HANDSIGN Pudu Robotics ピクスタ(株) FASHION SNAP フェアトレード・ラベル・ジャパン フリッツ・ハンセン PROJECT TOKYO 文化服装学院 PayPay(株) HOLTO マルコメ(株) 三井デザインテック(株) 三菱地所(株) ミナ ペルホネン, Hua Wang, Mie Morimoto, Comuro Nonoka 麦音産直会ビオまるしぇ 山口県 ヤマハ(株) (有)設計事務所ゴンドラ (有)トリニティ ユニファ(株) 横浜市 リンクス(株)

QRコードは(株)デンソーウェーブの登録商標です。
福祉住環境コーディネーターは東京商工会議所の登録商標です。

生活産業基礎

Ⓒ 著作者 代表 藤田晃之
●編者 実教出版株式会社編修部
●発行者 実教出版株式会社
　　代表者 小田良次
　　東京都千代田区五番町5

●印刷者 広研印刷株式会社
　　代表者 前川 光
　　東京都豊島区高田3-3-16
●発行所 実教出版株式会社
　　〒102-8377 東京都千代田区五番町5
　　電話〈営業〉(03)3238-7777
　　　　〈編修〉(03)3238-7723
　　　　〈総務〉(03)3238-7700
　　https://www.jikkyo.co.jp/

002502024　　　　　　　　　　　ISBN978-4-407-36301-2

曲げわっぱ

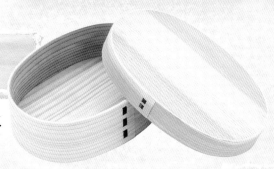

杉を原材料とし，熱湯につけて柔らかくしたものを素早く曲げて作られる。

味噌

大豆発酵食品で，調味料としてよく使われる。日本各地でさまざまな種類の味噌が作られている。

西陣織

京都の西陣で生産される織物のこと。豪華で立体感があり，さまざまな技術・技法が用いられていることが特徴。

日本の伝統的な産業

琉球紅型

独特のあざやかな多色に染められた型染。顔料，染料を2度塗りすることや，文様のふちなどに濃い色を入れてぼかすのが特徴。

畳

建物の床材として，住まいや店舗などで使われている。畳表は主に，いぐさを原料として作られる。

熊野筆

広島県安芸郡熊野町でつくられる筆のこと。書筆や画筆のほか，化粧筆も製作されている。

産業にかかわるさまざまな技術

 食

ロボットの活用

●盛りつけ作業ロボット

●配膳ロボット

●代替肉

●培養肉

 衣

●繊維素材

●スマートテキスタイル